신기한 생태교실 ②

글·사진 **성기수(반디)**

숲 속의
희망으로 숲을 지배하는 사냥 곤충, 그들의 생존전략!
사냥꾼들

일육사

처음 인쇄한 날 | 2011년 11월 20일
처음 발행한 날 | 2011년 11월 28일

지은이 | 성기수(반디)
펴낸이 | 표도연

펴낸곳 | 일공육사
출판등록 | 2005년 9월 2일(제395-3130000251002005000190호)
주소 | 121-840 서울시 마포구 서교동 395-99 301호
대표전화 | 0505-460-1064   **팩스** | 0303-0460-1064
e-mail | pody@dreamwiz.com

ⓒ성기수 2011 / ISBN 978-89-966100-4-5 03490 / ISBN 978-89-958060-4-3(set)

*이 책의 무단 전재나 복제는 법으로 금지되어 있습니다.
*잘못 만들어진 책은 구입하신 서점에서 교환하실 수 있습니다.
*일공육사는 금이 녹는 온도인 1064℃를 뜻합니다.

***사진 제공해 주신 분|** 강의영, 정광수, 임완호, 김태영

신기한 생태교실 ❷

숲 속의 사냥꾼들

글·사진 **성기수(반디)**

일육사

여는 글

편견을 버리면 그들의 삶에 더 가까워질 수 있습니다

　곤충을 관찰하면서 언제나 되새기는 말이 '편견을 버려야 한다'는 것입니다. 편견을 버리면 그들의 삶을 더 가까이 들여다볼 수 있습니다.
　'곤충의 사랑'을 시작으로 제가 관찰하고 있는 생태 이야기를 책으로 남기기 시작했습니다. 이번 〈신기한 생태교실〉 시리즈는 '숲 속의 사냥꾼들'입니다. 많은 생명체를 만나 그들 속내를 들여다보면서 언제나 감탄과 경이로움이 밀려와 마음이 뿌듯해지고는 합니다. 이런 감동을 독자들에게 어떻게 전할까요? 제가 느끼고 경험했던 일들을 어떻게 하면 그대로 다른 이들에게 전할 수 있을까 많은 고민을 했습니다.
　곤충을 관찰하다보면 작은 우주가 모두 이 안에 있었구나 하는 생각이 자주 듭니다. 이런 모든 일들을 독자들에게 전해주고 싶지만 제한된 지면에서 모두 보여드릴 수 없으니 안타깝습니다. 그래서 더욱 많은 고민을 하고 또 해서 목록을 정하고 그동안 담아놓은 사진과 글을 함께 나열했습니다.
　이번에 소개하는 이야기는 '숲 속의 사냥꾼들'입니다. 사냥을 하는 곤충과 거미에 대한 이야기입니다.

　흔히 알고 있는 바와 달리 사냥을 하며 살아가는 곤충들 중에 단순히 자신의 위장을 채우는 데만 급급한 생명체들이 많지 않다는 사실이 놀라웠습니다.
　이 책에 실은 다섯 종의 벌목 곤충은 뾰족한 침을 무기로 대담한 사냥술을 펼칩니다. 흙 속에 구멍을 파 놓고 사냥감을 물어오는가 하면, 심지어 물속을 드나들며 사냥을 하는 녀석도 만날 수 있습니다. 이들이 환경에 미치는 영향은 실로 지대합니다. 식물을 갉아 먹거나 사람들에게 피해를 끼칠 수도 있는 다른 생명체들의 수를 조절해서 자연의 균형을 이루는 것. 이들 사냥 곤충에게 내려진 숙명과도 같은 일입니다.
　악조건을 끈질긴 생명력으로 견디며 우리에게 희망

을 보여준 거미도 빼놓을 수 없습니다. 이들 거미를 통해서 살아가는 환경이 나쁘거나 운이 좋지 않다하더라도 낙담할 필요 없이 열정을 다해 살아야 한다는 것을 보여주고 싶었습니다.

날개가 없어 비행도 할 수 없고 물속을 드나들 수도 없어 오로지 온 숲을 헤매 다니며 사냥을 하는 멋 조롱박딱정벌레도 수목에 해를 끼치는 애벌레 수를 조절합니다. 늦반딧불이 애벌레는 달팽이를, 배물방개붙이는 올챙이 숫자를 조절합니다. 만약 이들이 없었다면 세상이 온통 개구리로 넘쳐나거나 사람들이 이리 저리 달팽이를 피해 다녀야 할 판입니다.

몸집이 작은 애기사마귀는 어른벌레가 될 때까지 나무에 끼는 진딧물을 잡아먹음으로써 어마어마한 공을 세우고 있었습니다.

자연계에서 먹이사슬의 균형이 중요하다는 것은 누구나 익히 알고 있는 사실입니다. 어느 하나가 깨어지면 도미노현상처럼 자연이 파괴되어 우리 인간들이 결국 피해를 입게 되지요. 이제 이들에게도 슬픔의 시대가 아닌 희망의 시대가 왔으면 좋겠습니다. 사냥 곤충이 활개친다는 것은 그만큼 자연 생태가 건강하다는 뜻이기에, 이제는 무분별하게 환경을 파괴하는 일을 멈추고 이들이 활개칠 수 있는 시절이 만들었으면 좋겠습니다.

이 책에 들어갈 사진을 고르며 아쉬웠던 것은 이들이 연출해내는 드라마틱한 장면을 사진만으로 담아내기가 어렵다는 점이었습니다. 이처럼 생생한 사냥꾼의 본능을 사진만으로 어떻게 표현할 수 있을까요? 이것은 아직도 풀지 못한 숙제로 남아 있습니다.

그동안 이 책이 나오도록 동행하며 힘써주신 표도연 사장님과 관찰 여행에 동해해주신 유범주 선생님, 강의영, 정광수, 김기경, 김태우, 김태영, 임완호, 함성주, 손상호, 오해용 님께 감사드립니다.

2011. 11월 늦은 가을.

성기수

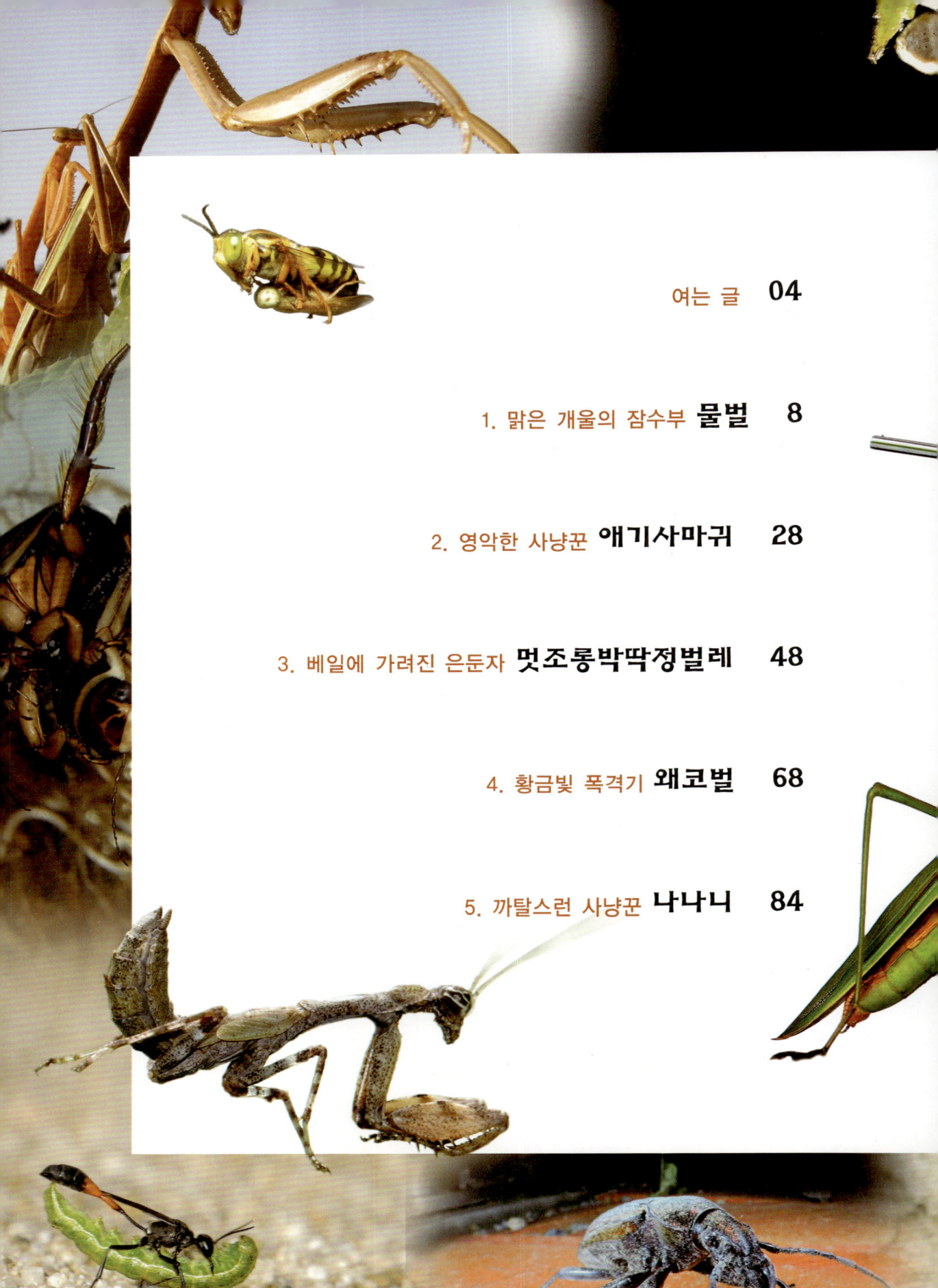

여는 글 04

1. 맑은 개울의 잠수부 **물벌** 8

2. 영악한 사냥꾼 **애기사마귀** 28

3. 베일에 가려진 은둔자 **멋조롱박딱정벌레** 48

4. 황금빛 폭격기 **왜코벌** 68

5. 까탈스런 사냥꾼 **나나니** 84

6. 철퇴를 돌려라! **여섯뿔가시거미** 102

7. 모래밭의 폭군 **황대모벌** 120

8. 신중한 어부 **황닷거미** 136

9. 메뚜기를 잡아라! **홍다리조롱박벌** 150

10. 연못 속의 은둔자 **배물방개붙이** 162

11. 끈질긴 추적자 **늦반딧불이** 182

찾아보기 198

1

맑은 개울의 잠수부
물벌

Agriotypus gracilis

- 학 명 : 물벌 (*Agriotypus gracilis*)
- 과 명 : 벌목 물벌과
- 어른벌레 관찰 시기 : 3월 말 ~ 7월
- 겨울나기 : 번데기

우리나라 전역의 맑은 개울 상류에서 관찰할 수 있는 벌입니다. 이름에서 알 수 있듯이 물속에 잠수를 하여 일본가시날도래의 애벌레에 기생 산란을 합니다. 애벌레는 일본가시날도래의 애벌레 집에서 날도래 애벌레를 갉아 먹으며 자라고 물속에서 번데기 과정을 거친 후 이른 봄에 어른벌레가 물 밖으로 나옵니다. 짝짓기를 마친 후엔 다시 물속으로 잠수하여 산란을 하고 일생 대부분을 물속에서 지내는 특이한 습성을 가지고 있습니다.

일본가시날도래 애벌레 집에 산란을 하기 위해 물속으로 잠수하는 물벌. 몸에 공기방울을 안은 채 잠수를 하기 때문에 은회색으로 보입니다.

독특한 습성의 벌

1831년 12월 27일. 스물두 살이던 찰스 다윈이 비글호를 타고 항해를 떠난 역사적인 날입니다. 박물학자인 다윈에게 미지의 세계란 꿈같은 희망이었지요. 배를 타고 먼 물길을 헤쳐 나가는 일은 매우 험난한 일입니다. 앞길을 알 수 없는 항해를 하면서 미지의 세계에 대한 희망이 없었다면 그의 탐구심이 충족될 수 있었을까요?

물은 불안의 출발점이기도 합니다. 육상 생활에 익숙한 사람에게나, 날아다니는 곤충에게나 미지의 물속은 위험천만한 모험의 세계입니다. 하지만 홍역을 치르듯 어려운 첫 번째 잠수를 성공하고 나면 물속 세계에 도취되어 그 흥분을 쉽게 감추지 못합니다. 알지 못했던 세계에 처음 발을 들여놓았다는 흥분 때문에 코끝이 찡하고 눈물이 왈칵 쏟아질 것 같은 고통쯤은 쉽게 잊히지요. 열 살박이 내 모습이 그랬듯이 두려움은 성장을 알리는 신호탄과 같습니다. 마냥 두렵게만 느끼고 있다면 미지의 세계를 엿보는 일은 영원히 없었을 테니까요.

봄은 물가에서 시작됩니다. 궁둥이를 치켜들고 바닥을 헤집는 흰뺨검둥오리의 분주한 움직임을 보면 계절의 변화를 실감하게 됩니다. 갈수기에도 마르지 않는 물! 여우 꼬리마냥 잔뜩 부푼 버들강아지. 심술궂게 작대기로 툭툭 치며 걷던 개울가. 그곳을 지나노라면 기이한 습성을 가진 막시류(얇은 막질의 날개를 가진 곤충을 말하는 것으로 벌 무리를 말합니다)의 한 종류인 물벌을 떠올립니다. 굴벌의 생활상이 밝혀진 것은 최근의 일입니다. 벌이 물속에

날도래류.

바위에 앉아 볕을 쬐고 있는 물벌 암컷.

잠수한다는 사실이 무척이나 흥미로웠습니다. 더구나 이 벌이 한반도 전역에 분포하고 있다는 사실이 더욱 놀라울 따름입니다. 왜 물벌은 이제껏 우리들의 눈에 띄지 않았을까요? 개체수가 많은데도 그동안 발견되지 않은 이유는 또 무엇일까요?

다양한 벌목의 곤충

벌목(目)의 곤충을 'Hymenoptera'라 합니다. 'Hymeno-'는 막(膜)질을, '-ptera'는 날개를 뜻합니다. 막질의 날개를 가졌다는 뜻으로 막시류(膜翅類)라 부릅니다. 이 무리에는 개미와 벌이 모두 포함됩니다. 개미는 혼인비행을 위해 날개를 준비하지만 일을 마치면 스스로 떼어냅니다. 땅속 생활을 할 때에 필요하지 않은 부분을 스스로 떼어버리는 것이지요. 그러나 대부분의 벌은 일생동안 날개를 달고 살아갑니다.

그들이 가지고 있는 특권은 침을 지니고 있다는 것입니다. 누구도 그들을 건드려 화를 돋우려 하지 않으니 쏘는 침을 가졌다는 이유만으로 이런 호사가 또 없을 것입니다. 벌에게 호되게 당해본 경험자들은 이들이 발휘하는 침술에 신경이 마비되는 불상사가 일어난다는 사실을 절대로 잊지 않게 되지요.

벌의 생활 영역은 상상을 초월합니다. 원시적인 나무벌과(科)의 애벌레는 새싹을, 송곳벌과는 조밀한 나무속에 산란관을 찔러 알을 낳고, 애벌레는 그 목질부를 갉아 먹습니다. 잎벌과의 애벌레는 잎사귀 테두리를 질서정연하게 갉아 먹고, 혹벌과는 식물의 가지나 잎에 혹을 만들어 애벌레의 요람으로 만듭니다. 개미벌과는 꽃벌에, 배벌은 풍뎅이 애벌레에, 호리병벌과는 진흙 둥지를 만들어 나방 애벌레를 물어다 알을 낳습니다. 이 진흙 둥지에는 청벌과의 벌이 날아와 기생합니다. 말벌과는 나무 섬유로 장대한 둥지를 만들고, 대모벌과는 거미를 물어와 제 애벌레의 먹이로 활용합니다. 기생벌에 속하는 맵시벌과, 고치벌과, 좀벌과 무리는 남의 알이나 애벌레, 번데기, 어른벌레에 붙어 살아간답니다. 그 외에도 많은 벌들이 신기한 생활사를 갖고 있지만 모두 지상의 생활일 뿐입니다. 이 글의 주인공은 물벌과의 '물벌'로 물속을 들락거립니다. 날도래 애벌레를 찾아 위험한 잠수를 하는 기이한 벌이지요.

샛강이 만드는 전경

봄이 되면서 산골짜기를 출발한 물은 긴 흐름을 만들어 냅니다. 바위와 돌에 엉켜 여울을 만들고 물속에 산소를 불어넣습니다. 이런 일이 빈번해지면 용존 산소량을 충족하는 1급수가 된답니다. 깨끗한 물은 버들치와 날도래, 강도래, 다슬기를 비롯한 여러 수서곤충들의 삶을 풍족하게 합니다.

내 관찰도 여기에서 시작되었습니다. 물살이 다소 약해지는 곳을 찾아 우두커니 바라보고 있노라면 햇살을 쫓아 물 밖으로 나온 아주 조그만 물벌들이 돌 위에 올라앉기 시작합니다. 비행에 필요한 만큼 충분히 체온을 올리려는 것이지요. 이들은 늦가을부터 번데기 방에 웅크리고 있던 놈들입니다. 날마다 늘어가는 일조량 덕에 물 온도가 조금씩 올라가 이들이 겨울잠에서 깨어났습니다.

오동통한 암컷과 날씬하고 긴 더듬이를 가진 수벌이 체온을 올린 후 돌과 돌 사이에서 헬리콥터마냥 낮은 비행을 계속합니다. 그러나 이런 비행은 오래 가지 못합니다. 벌의 날개는 몸에 비해 날개 폭이 좁기 때문에 날아다닐 때 에너지 소모가 많습니다. 더구나 아직 싸늘한 봄 기운이 남아 있기 때문에 비행에 지친 암벌은 따끈한 돌에 앉아 다시 체온 올리기에 열중합니다. 그러면 수벌은 짝을 지을 욕심으로 암벌을 찾아 이리저리 기웃거리지요. 이럴 때 노랑할미새나 돌까마귀가 나타나기라도 하면 물벌들은 쏜살같이 날아가 버립니다. 천적의 기척에 이렇도록 민감한 반응을 보이는 것은 이들이 오래도록 시달렸다는 증거일 것입니다.

물벌은 맑은 개울의 상류에서 살아갑니다.

갓우화한 물벌들.

이방인의 출입을 허락하다

4월이 되면 사람들의 시선은 온통 봄꽃에만 가 있습니다. 그러나 내 관심은 차디찬 개울로 향했습니다. 4월 12일. 날이 맑다는 예보를 듣고 부랴부랴 짐을 챙겼지요. 개울에 도착해 챙겨온 김밥을 먹으며 주변을 살피기 시작했습니다. 그리고 곰곰이 생각했답니다. 주행성 곤충의 생활 주기를 보면 오전에는 먹고, 정오 무렵부터 오후 세 시 정도까지는 주로 짝짓기와 산란을 합니다.

이번 관찰은 잠수하는 물벌이기 때문에 물 온도가 가장 중요할 것이라 추측했습니다. 어린 시절 내가 잠수를 할 때도 꼭 물의 온도가 오른 뒤였으니까요.

오랜 기다림의 결과였을까요? 나는 물의 신이 작은 이

물벌의 천적인 노랑할미새.

방인의 출입을 허락하는 것을 보았습니다. 까만 녀석이 물에 반쯤 잠긴 바위를 끌어안고 바닥을 향해 내려가는 것이 보였지요. 물속에서 보는 물벌의 몸은 은회색입니다. 녀석의 몸 표면에 돋은 잔털은 물이 묻어도 스며들지 않고 작은 공기방울을 만들기 때문입니다. 이 공기방울 때문에 물속의 녀석은 은색으로 빛납니다.

오전에 짝짓기를 하던 물벌들이 정오가 넘어서자 물살이 약한 곳을 골라 잠수를 시작합니다. 열정을 가지고 끊임없이 노력하는 사람에게는 당할 도리가 없습니다. 물벌을 관찰하겠다고 아침부터 지켜보던 이런 열정을 누가 말릴 수 있을까요? 아울러 차디찬 물도 아랑곳하지 않고 자손을 남기려는 녀석들의 열정도 말이지요.

아직도 수벌은 주기적으로 돌 주변에서 낮게 날아다녔습니다. 그러다가 잠수를 하지 않고 있는 암컷을 보면 순식간에 달라붙어 짝짓기를 합니다. 너무나도 짧은 구애지만 이들에게는 한시가 아깝습니다. 계절은 항상

물벌의 우화 모습

① 날도래 집을 막 열고 나오기 시작한 물벌.
② 머리를 내밉니다.
③ 몸이 나올 수 있도록 구멍을 넓힙니다.
④ 머리가 빠져나왔습니다.
⑤ 가슴 부분이 고치에서 나왔습니다.
⑥ 몸이 거의 다 빠져나왔습니다.
⑦ 고치에서 탈출했습니다.

물벌의 산란

물벌 수컷이 물속에서 우화한 후 수면 위로 나오고 있습니다.

맑은 날을 주지 않을뿐더러 이들에게 늦은 수명이라야 고작 일 주일도 못 되니까요. 볕이 있을 때 빨리 짝을 짓고 남은 시간은 잠수하여 알을 낳아야 합니다. 그리고 힘이 다하면 서글픈 죽음을 물 위에서 맞습니다. 봄이 찾아오는 것이 순식간이듯 이들의 운명도 금세 지나가거든요.

물벌과 가시날도래

막시류는 비교적 좁은 날개를 갖고 있는데, 몸에 비해 날개 크기가 현저히 작답니다. 이러한 이유로 허공에서 몸을 지탱하려면 날갯짓이 빨라질 수밖에 없습니다. 우리 귀에 붕붕거리는 벌의 날갯짓이 크게 들리는 이유입니다. 이런 날갯짓 때문에 벌의 행동 범위도 좁을 수밖에 없습니다. 꿀벌도 꽤나 멀리 이동할 것 같지만 고작해야 2~3킬로미터를 벗어나지 못합니다. 기생벌의 경우엔 겨우 몇 미터가 행동 반경입니다. 물벌의 생활터전도 몇 제곱미터 공간만 필요할 뿐입니다. 그것은 번식에 필요한 가시날도래 유충이 주변에 얼마나 넓게 분포하느냐에 달려 있습니다.

물벌의 어른벌레는 빠르면 3월 말부터 나타나고 7월까지 관찰할 수 있습니다. 이것은 계곡물의 온도와 밀접한 관계가 있습니다. 물 온도가 낮은 경우, 물 밖으로 나오는 시기가 다소 늦어집니다. 어떤 녀석들은 5월이 되어 나오기도 합니다. 이들을 관찰할 수 있는 시기는 애벌레의 먹이가 되는 일본가시날도래의 생활 주기와 꼭 맞아떨어지지요. 물벌은 일종의 기생벌입니다. 수서곤충의 애벌레에 침을 꽂고 알을 낳아 그 체액을 영양분으로 삽니다. 그러나 어른벌레가 되어서도 물속에 사는 것은 아닙니다. 물벌은 개울가를 터전으로 살아가지요. 잠자리가 자손을 남기기 위해 물웅덩이가 필요하듯 물벌 또한 맑은 개울이 있어야 합니다. 아울러 애벌레의 먹이인 일본가시날도래 애벌레가 꼭 필요하지요.

사냥의 시점

잠수한 물벌은 모두 암컷입니다. 이들의 목적은 개울 바닥에 있는 일본가시날도래 애벌레를 찾는 것입니다. 하지만 일본가시날도래 애벌레 모두가 해당되는 것은 아닙니다. 아직 자라지 않은 어린 녀석에겐 관심이 없습니다. 만약 그런 애벌레에게 물벌이 다가가기라도 하면 '네가 나를 잡을 수나 있을 것 같아?' 하며 날도래 애벌레는 핵 하니 돌에서 떨어져 바닥으로 나뒹굽니다. 헤엄을 치지 못하고 돌을 붙잡고 물속을 기어 다니는 물벌에게 이런 애벌레는 가까이 다가갈 수 없는 존재지요. 그러니 물벌이 찾는 것은 오직 번데기가 되려는 녀석뿐입니다.

날도래 애벌레는 다가올 날개돋이를 위해 적당한 돌에 실을 토해 짊어진 집을 단단히 고정시킵니다. 언제 폭우가 내려 급류가 들이닥칠지 모르니 휩쓸리지 않도록 돌에 단단히 돋을 고정해 놓습니다. 거기에 거푸집 입구를 모래알로 막아 안전장치를 또 하나 마련해두지요. 날도래 애벌레가

일본가시날도래의 번데기 방이 바위에 모여 있습니다. 갈수기에 물 높이가 낮아지면 날도래 번데기 방이 물 위로 드러납니다. 물벌에 기생당한 개체도 함께 붙어 있습니다.

번데기가 되기 위해 짚어진 거푸집을 막 돌에 붙이면 물벌은 이때를 노려 산란관을 꽂고 알을 낳습니다. 날도래 애벌레가 번데기로 변할 무렵은 어떠한 저항도 할 수 없는 가장 무기력한 시기이기 때문입니다.

날도래 애벌레 수가 적은 경우에는 물벌끼리 다투는 경우도 있습니다. 나중에 보니 물벌 세 마리가 날도래 애벌레 한 마리를 두고 경쟁을 벌이기도 합니다. 짧은 시간에 알을 낳아야 하니 바삐 서둘다가 마찰이 빚어진 것이지요. 모두가 한 장소에 알을 낳을 수는 없습니다. 먼저 깨어난 녀석이 다른 알을 잡아먹는 불상사가 일어날 수 있으니까요.

물 바닥을 기던 물벌의 감각기관에 잘 익은 가시날도래 애벌레가 포착되었습니다. 표정 없던 얼굴에도 아마 희열이 가득했을 겁니다. 마음은 눈에 보이지 않지만 행동으

가시날도래 애벌레.

로 나타납니다. 느릿느릿하던 움직임이 갑자기 빨라졌기 때문입니다. 입 주변의 감각기관으로 어디를 선택할지 모래 거푸집을 뒤적입니다.

이윽고 틈새를 찾았는지 그녀는 배 끝을 세워 산란관을 거푸집 틈에 밀어 넣었습니다. 미세하게 진저리를 치는 것이 알을 낳았다는 신호인가 봅니다. 모레쯤이면 알이 깨어 토실토실한 날도래 애벌레를 야금야금 파먹어갈 것입니다.

생존을 위한 맑은 물

물벌이 어른벌레가 되면 여느 벌처럼 육상 생활을 하다가 산란 때가 되어야 물 표면을 뚫고 잠수를 시작합니다. 수서곤충인 잠자리는 애벌레 시절 몸에 기관아가미를 가지고 있습니다. 물고기의 아가미와 비슷한 역할을 하지요. 그래서 애벌레 시절 물속 생활을 하는 데 아무런 지장이 없답니다. 하지만 물벌은 잠자리 애벌레처럼 아가미를 가지고 있지 않답니다. 그러면 물벌 애벌레는 물속에서 어떻게 숨을 쉴까요?

날도래 애벌레는 번데기가 되기 위해 거푸집 속에서 실을 뽑아 번데기 방을 잘 만들어 놓습니다. 그 방을 어찌나 섬세하게 만드는지 물 한 방울 스며들지 않습니다. 물벌 애벌레는 남이 공들여 만들어 놓은 집을 너무나 쉽게 차지한 셈입니다. 물도 새지 않고, 보온과 보습을 잘 갖춘 완벽한 방이지만 안에 있는 공기만으로 숨을 쉬기엔 공기의 양이 너무 적습니다. 이들이 생각해 낸 것은 납작하고 긴 호

긴 호흡관이 달려 있는 물벌의 번데기 방 (위).
실잠자리류 애벌레의 꼬리아가미(아래).
애벌레 시절 물속 생활을 하는 잠자리는 물속에서 숨을 쉴 수 있도록 아가미가 있습니다.

물벌 애벌레가 만든 호흡관이 길게 있습니다.
애벌레는 호흡관 가까이 붙어서 숨을 쉽니다.

흡관입니다. 물벌 애벌레는 날도래 애벌레를 잡아먹는 동시에 호흡관을 만들어 거푸집 밖으로 내어놓기 시작합니다. 이것은 노끈 모양으로 손가락 두 마디쯤 되는 띠랍니다. 용존산소가 풍부한 계곡물에 띠관을 드려 놓아 이곳으로 산소 분자를 빨아들여 숨을 쉽니다. 이렇게 숨을 쉬어야 하기 때문에 물벌 애벌레는 어른벌레가 될 때까지 띠관의 첫머리에서 입을 뗄 줄 모릅니다. 이 기묘한 호흡법은 잘 발달된 여울에서만 가능합니다. 물속의 용존산소량은 곧 가시날도래와 물벌이 살아가는 기준이 되는 것이지요.

　인간에게 친근한 꿀벌은 달콤한 꿀 생산자로 사람들에게, 그리고 자연에 기여합니다. 뒤영벌과의 벌은 쥐가 만든 터널을 보수하고, 가위벌과는 나뭇잎을 잘라놓고, 어리호박벌과는 마른 나무 터널에, 줄벌과는 땅속 둥지에, 애꽃벌과는 땅속 터널에 꽃가루 단자를 모아 후세를 길러냅니다. 우

날도래의 우화 모습

① 날도래 번데기.
② 번데기 방에서 번데기가 빠져나왔습니다.
③ 물 밖을 향해 기어 나가고 있습니다.
④ 허물을 벗기 위해 바위에 자리를 잡습니다.
⑤ 등껍질이 터지고 머리와 등가슴이 허물 밖으로 빠져나오기 시작합니다.
⑥ 상체가 거의 빠져나왔습니다.
⑦ 날개와 배 부분이 허물을 빠져나옵니다.
⑧ 몸이 다 빠져나왔습니다.
⑨ 몸이 단단해지기를 기다립니다.

리는 어렴풋하게나마 이들의 생활을 알 수 있었습니다. 하지만 물벌의 사생활은 이제 막 알려진 것이지요.

　어린 시절 코끝이 찡하게 아파온 첫 잠수의 후유증처럼 맑은 개울은 나에게 아름다운 추억으로 남아 있습니다. 그리고 이제는 눈송이 폴폴 내리는 개울 둑을 산책해 봅니다. 늙은 호박 만한 돌들이 흰 눈을 이고 있는 풍경. 그 사이를 간간히 메운 달뿌리풀의 기는 줄기. 사이사이로 끊임없이 여울을 만들며 흐르는 긴 물줄기. 그중 한 돌에는 띠관을 만든 채 봄을 기다리는 물벌이 있겠지요. 그 표시는 우리가 물에 대해 가질 수 있는 희망입니다. 또한 이것은 작은 샛강이 만들어낸 추억이자 작은 생물의 모험심이 만들어낸 거룩한 작품이라는 것을 우리는 언제라도 기억할 것입니다.

반디의 곤충연구실

물속을 터전으로 사는 곤충들

① 하루살이류 아성충
② 날도래 애벌레
③ 광대소금쟁이
④ 긴무늬왕잠자리 애벌레
⑤ 물장군
⑥ 뱀잠자리 애벌레
⑦ 장수각다귀 애벌레
⑧ 소금쟁이
⑨ 쇠측범잠자리 애벌레
⑩ 강도래류
⑪ 왕잠자리 애벌레

2

영악한 사냥꾼
애기사마귀

Acromantis japonica

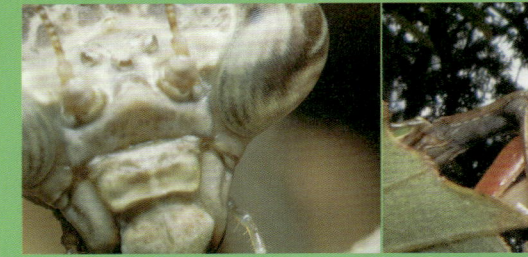

- 학 명 : 애기사마귀 (*Acromantis japonica*)
- 과 명 : 사마귀목 애기사마귀과
- 어른벌레 관찰 시기 : 9월 ~ 11월 초
- 겨울나기 : 알

우리나라 남부 지방에 사는 사마귀입니다. 다른 사마귀에 비해 덩치가 작은 편입니다. 대형 사마귀들 틈에서 영악함을 무기로 살아가는 사마귀로 늦여름부터 가을까지 어른벌레를 관찰할 수 있습니다.

새로운 청구서

상하수도, 도시 가스, 전화, 인터넷, TV 시청료, 아파트 관리비……. 월말이면 언제나 반복되는 청구서들. 내가 문명의 혜택을 누리고 있음을 잊지 않도록 일깨워 주는 문서들입니다. 싫어도 쉽게 떨칠 수 없는 도시의 삶! 이처럼 문명의 혜택을 누리는 데는 얄밉도록 적잖은 비용까지 들지요. 언젠가 도심을 벗어나 전원생활을 하리라 꿈꿔 보지만 쉽지 않은 일입니다. 현실에 충실해야 하니까요.

그런데 내 생활 청구서에는 남들에겐 없는 항목이 하나 덧붙어 있답니다. 바로 '생태 관찰 비용'이지요. 생태 관찰조차도 공짜가 없네요. 관찰 때마다 기록해 놓는 스프링 노트가 이것을 잘 대변합니다. 이 노트 한 꼭지에는 '숲과 풀밭에서 벌어진 갈등'이란 부분도 있습니다. 인간 문명에 적응한 생물과 문명을 거부하는 생물이 빚은 갈등입니다. 나는 그 항목 아래에 '우둔과 영악'이라는 말을 적어 놓았습니다. 인간의 문명에 발맞추어 살아가는 생물에게는 '영악함'이라고, 적응하지 못하고 살아가는 생물에게는 '우둔함'이라고 말입니다. 생태 관찰은 대개 인간 문명에 적응하는 생물을 중심으로 이루어집니다.

살아 있는 생명체의 눈은 초롱초롱한 별빛과도 같습니다. 하지만 숨이 다한 죽음의 눈동자는 희뿌연 막을 드리운 듯 퇴미한 빛을 내지요. 주인공인 이 생물의 눈은 눈부시게 아름답습니다. 그러나 한편으로 보석처럼 빛나는 눈에 온통 영악함이 가득 차 있지요. 어떤 악조건에도 굴하지 않으려는 의지, 강자들만 득실대는 자연에서 살아남고야 말겠다는 그들만의 지혜가 담겨 있는 듯합니다.

우직함과 영악함

살아가다 보면 어느 편에 서야 할지 꼭 선택해야 하는 순간이 있답니다. 우직한 사람은 시대의 흐름에 따르지 못하는 듯 보이고, 영악한 사람은 여우 같다는 핀잔을 듣기 일쑤입니다. 그러나 우직한 사람이 보수적이고, 영악한 사람이 줏대 없는 사람일까요? 꼭 그렇지만은 않답니다. 사람들이 살아가는 사회에서 모든 것을 옳고 그르다 칼로 자르듯 나누어 볼 수만은 없지요.

내 사랑스런 조카들도 각양각색입니다. 성격도 다르고 저마다 생각하는 방식도 다르지요. 먼저 태어난 영현이는 우직한 면이 있고, 우현이와 영준이는 좀 더 영악해 보입니다. 서로 뒤바뀐 면도 있지만 커가면서 나름 고유한 성품을 지니고 있습니다. 막내 영준이는 누나보다 더 영악한 듯합니다. 아빠, 엄마의 분위기를 잽싸게 알아채고는 먼저 고분고분 말을 들으니 고집피우다 매 맞는 법이 절대 없지요. 영준이의 이런 영악함은 언제부터 생겨났을까요? 나는 영준이를 보면서 애기사마귀를 떠올립니다. 이 작

애기사마귀 암컷.

은 생물은 영준이마냥 영악함으로 똘똘 뭉쳤거든요.

 이 주인공은 한반도에 사는 일곱 종의 사마귀 가운데 두 번째로 작답니다. 단아한 삼베 날개와는 어울리지도 않는 억센 도끼발을 지닌 전형적인 사냥꾼이죠. 하지만 손가락 한 마디가 겨우 넘을 정도로 덩치가 작답니다. 그러니 힘의 논리로 움직이는 숲 속에선 늘 뒷전으로 밀리게 마련이랍니다.

 숲 속의 주인들은 늘 강자와 약자로 나누어지는 듯합니다. 서열이 정해지면 미묘한 질서가 생기고, 강한 힘을 가진 녀석들은 세력권도, 번식지도 넓게 차지하게 되지요. 이런 질서가 유지되는 중에도 유독 눈에 띄는 것이 애기사마귀입니다. 그들은 이 세력권을 과감히 넘나들며 생활합니다. 약육강식의 논리가 지배하는 숲에서 덩치 작은 녀석들이 곧 종말을 고할 것 같지만 녀석은 용케도 잘 지냅니다. 숲을 유지하는 질서를 약육강식 한 마디만으로 정의할 수는 없을 것 같습니다. 덩치 작은 애기사마귀가 멸종하지 않고 견디는 것을 보면 말입니다. 애기사마귀는 어떻게 이런 한계를 극복할 수 있었을까요? 숲을 지배하는 질서에 우리가 모르는 다른 무언가가 또 있지는 않을까요?

조그마한 애기사마귀

가을 햇살이 잘 드는 담장에는 으레 몸을 반쯤 세우고 볕바라기를 하고 있는 사마귀가 있습니다. 매미나 베짱이처럼 노래를 부르는 예술가 기질이 있는 것도 아니고, 특별한 재주를 가지고 있지 않은 듯 보이지만 눈앞에 무언가 어른거리면 놀랄 만큼 예민하게 반응하는 사냥꾼입니다. 네 개의 다리로 딛고 서서 몸을 건들거리는 것이 무슨 의식을 치르는 것처럼 보이기도 합니다. 그리스 신화에 등장하는 여사제가 이런 모습이었을까요? 이 모습이 특이해 보였는지 사마귀의 학명을 붙인 사람은 사마귀를 점쟁이라는 뜻을 가지고 있는 'Mantis'로 붙였습니다. 애기사마귀의 학명은 'Acromantis japonica'로 속명인 'Acromantis'는 작은 사마귀를 뜻합니다. 'Acro~'가 우리말 첫머리의 '애기―'나 '쇠―'처럼 작다는 뜻이랍니다. 그러나 이 곤충은 사람들이 별로 친근하게 생각하지 않습니다. '사마귀에게 물리면 손등에 사마귀 혹이 돋는다'는 터무니없는 속설, 어린 시절 숱하게 듣던 말이었지요.

우리나라에 번식하는 사마귀 일곱 종은 들판과 산지 초입에 왕사마귀, 사마귀, 좀사마귀, 항라사마귀가, 따뜻한 남쪽에 넓적배사마귀, 좁쌀사마귀, 애기사마귀가 삽니다. 넓적배사마귀는 풀숲의 왕사마귀를 피해 높다란 가지에

항라사마귀(위).
사마귀의 속날개(아래). 왕사마귀와 사마귀는 겉모습이 비슷하지만 사마귀의 속날개는 검지 않고 투명합니다.

있길 좋아합니다. 괜스레 낮은 풀밭에 있다가 목숨을 건 신경전을 벌일 필요가 없으니까요. 그러니 틈바구니의 애기사마귀로서는 난감하기 그지없습니다. 낮은 곳에는 왕사마귀, 사마귀, 좀사마귀가 버티고 있고, 높다란 곳에는 넓적배사마귀가 진을 치고 있으니 어디로 가야 할지 망설여집니다. 다른 사마귀와 싸움이라도 벌어지면 질 것이 자명하니까요. 곤충들의 세계에선 이런 싸움에 지게 되면 죽음이란 참혹한 결과가 따라오지요.

이름	몸길이(암컷 : ㎜)	서식 장소
왕사마귀	75~95	낮은 숲의 밝은 곳
넓적배사마귀	55~75	높은 숲의 밝은 곳
사마귀	68~92	물가 주변의 밝은 풀밭
좀사마귀	50~65	낮은 숲의 어두운 곳
애기사마귀	**30~35**	**숲 가장자리**

비교표에서 알 수 있듯이 애기사마귀의 몸은 다른 사마귀들에 비해 두세 배나 작습니다. 그런데도 다른 사마귀들 틈바구니에서 용케도 잘 살아가고 있습니다. 애기사마귀는 이 난국을 어떻게 헤쳐 나갔을까요?

그것은 영악함과 빠른 몸동작에 있습니다. 힘센 덩치들이 버티고 있으니 임기응변에 능하지 않고서는 살아가기 힘들었을 테니까요.

좀사마귀 갈색형(위).
좀사마귀 녹색형(아래). 녹색형 좀사마귀는 우리나라 중부 지방에서 간혹 관찰되고 있습니다.

숲에서 얻은 본능

숲 속에 살아가는 작은 생명체들은 어떻게든 자신을 숨

왕사마귀와 뒤에 숨어 있는 애기사마귀. 크기 차이가 확연히 드러납니다.

기기 위해 애쓴답니다. 남들 앞에 나서서 자신을 드러내고자 하는 사람들과는 좀 다르지요. 으스대며 자신을 뽐냈다가 돌아오는 것은 냉혹한 죽음뿐임을 잘 알기 때문입니다.

누가 가르쳐주지 않았는데도 물속 송사리는 왕잠자리 애벌레만 보이면 잽싸게 피합니다. 등골 오싹한 기운을 본능으로 아는 모양입니다. 이런 현상은 숲에서도 똑같습니다. 무질서한 듯 보이는 숲이지만 그곳에도 엄격한 질서가 있지요. 평생 사냥을 하면서 사는 생물이나, 사냥감이 되어 숨고 도망하기에 바쁜 생명체나 이런 생존경쟁을 통해 각자 삶의 테두리를 갖게 마련이랍니다. 이 공간은 저절로 얻어진 것이 아닙니다. 끊임없이 투쟁하고 권리를 부르짖어 획득한 시민의 권리처럼 뼈아픈 경쟁을 통해 얻어낸 결과물이랍니다.

내 관심사는 냉혹한 사냥꾼들 사이에서 몸집이 작은 애기사마귀가 어떻게 그들만의 생존 터전을 만들 수 있었을까 하는 점이랍니다. 그들의 삶

애기사마귀가 나뭇잎 뒤에 몸을 숨기고 있습니다.

좁쌀사마귀. 좁쌀사마귀는 남부 지방에서 관찰할 수 있는 종으로 우리나라에 사는 사마귀 가운데 가장 작습니다.

을 알게 되면 그들이 숲에서 꿋꿋하게 터를 잡고 살게 된 사연을 자연히 알 수 있겠지요.

애기사마귀와 좁쌀사마귀는 제주도와 일부 남해안에 사는 사마귀입니다. 작고 재빨라 여간해서 만나기 힘들답니다. 더구나 날개가 퇴화된 좁쌀사마귀는 낙엽 아래에 숨는 습성이 있기 때문에 더욱 만나기 어렵습니다. 나는 애기사마귀의 영악함에서 의문의 실마리를 찾기로 했습니다. 애기사마귀는 소용돌이치는 듯 아름다운 무늬가 새겨진 눈을 가지고 있습니다. 이런 눈으로 몸을 낮추고 머리를 돌리며 주변을 조심스레 살피는 모습은 앙증맞아 보이기도 합니다. 이것은 그 어떤 사마귀도 갖고 있지 않은 애기사마귀만의 독특한 특성입니다. 이파리 뒷면에 숨어 있다가 누군가에게 발각되면 곧장 뛰어내려 뒤집혀 죽은

애기사마귀가 땅바닥에 앉아 있습니다.

녀석을 위협하자 죽은 시늉을 합니다.

시늉을 하기도 하지요. 낙엽층에 뒤섞여 죽은 듯이 있다면 누가 이 작은 사마귀를 찾아낼 수 있을까요? 이런 행동은 처음부터 얻어진 것은 아니랍니다. 오랜 옛날, 인류가 나타나기 훨씬 전부터 살아남기 위해 조금씩 변화가 쌓여 얻게 된 것이지요. 이것은 본능이랍니다. 덩치 큰 경쟁자를 피해 살 수 있도록 날렵하고 정교한, 꾀 많은 작은 사냥꾼의 유전자에 깊이 새겨진 습관이지요.

남해안에서 만난 작은 사마귀

이들과 처음 만난 곳은 2005년 전라남도 여수였습니다. 돌산의 봄꽃 사진을 담으려고 분주히 떠난 날이었지요. 봄꽃이 핀 돌무더기 아래에 지금까지 보지 못한 사마귀

애기사마귀 알집.

애기사마귀 | 37

애기사마귀 수컷

애기사마귀 암컷

사마귀의 얼굴

왕사마귀 녹색형

왕사마귀 갈색형

사마귀

좀사마귀

항라사마귀

넓적배사마귀

좁쌀사마귀

애기사마귀 종령 전 단계 약충.

알집이 눈에 띄었습니다. 좀사마귀 알집보다 작으면서 돌에 붙어 있는 네 군데 끝머리가 선명한 모습이었습니다. 그렇지만 알집의 주인공은 확인하지 못했답니다. 머릿속에 괜한 궁금증 하나만 안게 되었지요. '이런 알집을 남긴 사마귀는 어떻게 생겼을까?'

여름이 되면서 궁금증은 더해갔습니다. 그러다 남해안의 완도를 찾아가게 되었지요. 8월 상순, 불볕 더위에 온몸이 지칠 대로 지치는 계절이지요. 이즈음엔 한낮에 곤충 관찰을 하는 것 자체가 무리랍니다. 걷기조차 힘들 지경이지요. 더위가 한풀 꺾이는 밤이 나을 것 같지만 밤에는 모기들이 극성이지요. 결국 더위를 피해 그늘에서 곤충을 찾기로 했습니다. 잔가지와 시원스런 덩굴식물 잎에는 곤충들이 많으리라 생각했습니다. 하늘타리 잎 하나하나를 뒤지기 시작했습니다. 넓고 싱그러운 잎은 곤충이 숨기에도 안성맞춤이니까요. 그때 이파리 뒷면에 붙은 이상한 녀석이 눈에 들어왔습니다. 꼬리를 세워 말고 있는 노란 회색의 어린 사마귀였습니다. 순

애기사마귀 종령 약충. 더듬이를
매우 분주히 움직이고 있습니다.

간 '애기사마귀일지도 모르겠다'는 생각이 문득 들었습니다. 그렇지만 어른벌레가 되기 전 어린 녀석이라 단정할 수는 없었습니다. 궁금한 것을 해결하기 위해 녀석을 곁에 두고 어른벌레가 될 때까지 지켜보기로 했습니다.

어린 사마귀의 사육

어린 사마귀가 자라는 과정을 지켜본다는 것은 결코 쉽지 않습니다. 건조해서도 습해서도 안 되고, 0.5㎝도 안 되는 작은 녀석이라 뭘 먹여야 할지 난감합니다. 젖은 스펀지 조각을 넣고 망을 씌운 사육통과 초파리를 먹이로 준비했습니다. 초파리는 초등학교 3학년 과학탐구에 등장하는 파리입니다. 포도나 수박처럼 즙액이 많은 과일이 있으면 기르기도 쉽습니다. 먹잇감을 잘 길러야 끼니 때마다 밖으로 나가는 수고를 덜어 줄 것입니다.

그런데 사육통 속에 초파리를 넣어주니 이 녀석이 딴청을 부립니다. 초파리가 움직이기라도 해야 천천히 노려보며 앞다리 도끼를 모으고 사냥 채비를 합니다. 아무것도 모르는 초파리가 허둥지둥 날다가 옆에 앉으니 순식간에 낚아챕니다. 한 끼 식사가 해결되는 순간입니다.

한번 허물벗기를 하고 나면 다음 허물벗기까지 대략 13일이 걸립니다. 허물벗기는 새벽녘에 하기 때문에 작정하지 않으면 보기 어렵답니다. 그러나 며칠 만에 허물벗기를 하는지 알고 나니 그 다음 허물벗기를 언제 할지 그 모습을 보는 게 가능해졌습니다. 녀석이 오동통해지고 몸빛이 뿌옇게 되면 다음날 새벽에 허물을 벗네요. 이런 식으로 기르며 두 번의 허물벗기를 거쳐 훌륭한 수컷으로 자랐습니다. 수컷 애기사마귀는 연두색이 가미된 갈색 몸을 하고 있고, 붉은 망토 날개를 둘렀습니다. 조만간 이들도 암컷을 찾아 사랑을 시작해야 할 때가 된 셈입니다.

가로등을 이용하는 사냥꾼

영악한 애기사마귀를 찾기는 어렵습니다. 낮에는 이파리나 줄기에 붙어 있어 나뭇잎과 구분조차 안 됩니다. 그러나 9월이 되면 짝짓기를 위해 모습을 드러냅니다. 수컷은 암컷을 향해 비행하고 암컷은 이곳저곳을 낮은 비행으로 옮겨 다닙니다. 그때가 되면 암컷은 터질 듯한 배를 하고 이파리 위에 올라앉아 아침햇살을 쬡니다. 졸참나무며 비목나무, 예덕나무, 산딸기 잎에도 얼씨구나 올라앉습니다. 어쩌면 그 모습에 이끌려 수컷들이 날아들었는지 모릅니다. 수컷이 높은 나뭇가지에서 횡하니 날아와 낮은 자리에 착륙합니다. 암컷의 은근한 유혹이 있었기 때문일까요? 그러나 정오를 지나며 햇빛에 알맞게 몸이 달구어진 녀석들은 어디론가 사라지고 맙니다. 몸이 달구어지고 나면 모두들 높은 가지로 올라가 날아온 먹잇감을 기다리거든요. 그러니 관찰자의 시야를 또 벗어나게 되지요.

거제도는 그나마 애기사마귀를 쉽게 볼 수 있는 곳인데 그것은 가로등

애기사마귀의 짝짓기. 짝짓기 중인 한 쌍에 다른 수컷이 다가왔습니다.

애기사마귀 수컷의 구애. 더듬이로 암컷을 살살 건드리고 있습니다.

때문입니다. 애기사마귀는 사람들이 켜놓은 불빛을 잘 알고 있습니다. 그 불빛에 많은 사냥감이 찾아들어 작은 사냥감을 쉽게 낚아챌 수 있다는 것을 알고 있지요. 그래서 가로등이 켜지기가 무섭게 녀석들은 알맞은 곳에 자리를 잡습니다. 튀어 나온 눈을 두리번거리며 표정이 없는 얼굴에 희미한 웃음을 띠고 기다립니다. 이윽고 작은 곤충이 눈앞에 앉으면 악력 센 손아귀로 단단히 잡아챕니다. 그리고 느긋이 늦은 저녁식사를 즐깁니다.

생존을 위한 배분

가을 오후의 햇살은 이들을 달구어진 돌로 이끕니다. 산달의 애기사마귀는 따뜻한 곳을 더 좋아합니다. 만약 그곳에 사냥감이 있다면 녀석들은 서슴없이 빈 배를 채우려 들 것입니다. 생존을 위해 애기사마귀는 자신들

사마귀가 쓰름매미를 사냥했습니다.

이 살 공간을 찾는 방법을 배운 듯합니다. 왕사마귀가 사는 산지 초입과 좀사마귀가 있는 덩굴 숲을 넘나들지만 그들과 활동하는 시간이 겹치지 않으려고 애씁니다. 왕사마귀가 나비를 잡으려 꽃자루 아래에서 기다리면 애기사마귀는 넓은 이파리 뒷면에서 진딧물을 잡아먹으며 지내지요. 이것은 우직함과 영악함의 차이를 잘 말해줍니다. 자연은 모든 생명체의 생존을 위해 시간까지 안배하는가 봅니다. 애기사마귀는 그런 자연의 배려를 이용할 줄 아는 영악함을 무기로 가지고 있지요. 우직함과 영악함. 자연은 어떤 성격을 가진 생명체에게도 그들 나름의 공간을 이용할 수 있도록 배려하고 있습니다. 문제는 생존에 이 두 요소를 어떻게 적용하는가 하는 것이랍니다. 애기사마귀는 강자들 틈바구니에서 영악함이라는 생존의 열쇠를 가지고 있는 것이지요.

내 관찰 노트의 새로운 페이지, 그 안에는 애기사마귀가 낳은 알집에 알이 스물세 개 들어 있고, 또 그것이 6월 말에 부화하여 12~15일을 주기로 여섯 번 허물벗기가 일어난다는 사실이 쓰여 있습니다. 적당한 환경이 되면 알집을 서너 번 더 만든다는 것도 알려줍니다. 12월이 되었는데도 내 실험 사육통에는 몇 번을 더 산란하는 애기사마귀가 있습니다. 그렇지만 이 작은 생명체가 언제까지 내 집에서 문명의 혜택을 받을지 그것은 알 수 없는 일입니다. 아마도 다음 청구서엔 녀석과 함께 지내기 위해 필요했던 난방비가 더해진 청구서가 날아오겠지요.

① 왕사마귀의 짝짓기. 수컷의 머리 부분을 암컷이 먹어버렸습니다.
② 왕사마귀의 산란.
③ 부화 중인 왕사마귀 알집.
④ 사마귀의 짝짓기.
⑤ 사마귀의 알집.
⑥ 산란 중인 사마귀.
⑦ 좀쌀사마귀.
⑧ 좀쌀사마귀의 알집.
⑨ 부화 중인 넓적배사마귀의 알집.
⑩ 넓적배사마귀의 산란.
⑪ 호피 무늬를 하고 있는 넓적배사마귀. 대부분의 넓적배사마귀가 녹색형이지만 간혹 이런 무늬를 띄고 있는 개체가 나타납니다.
⑫ 갈색형 항라사마귀.
⑬ 항라사마귀의 알집.
⑭ 갈색형 좀사마귀.
⑮ 녹색형 좀사마귀.
⑯ 좀사마귀 알집.

3

베일에 가려진 은둔자
멋조롱박딱정벌레

Damaster (Koreacoptolabrus) mirabilissimus mirabilssimus

- 학 명 : 멋조롱박딱정벌레 (Damaster (Koreacoptolabrus) mirabilissimus mirabilssimus)
- 과 명 : 딱정벌레목 딱정벌레과
- 어른벌레 짝짓기 관찰 시기 : 5월 중순 ~ 7월
- 겨울나기 : 어른벌레

환경부 멸종위기동물 2급으로 지정된 곤충입니다. 몸 빛깔이 매우 아름다워 딱정벌레 연구자들이 탐내는 곤충입니다. 하지만 다른 딱정벌레에 비해 아직 많은 개체가 관찰되지 않고 있습니다.

멋조롱박딱정벌레가 죽은 지렁이를 먹고 있습니다.

수리부엉이가 남긴 우연

나는 산골 출신 아버지와 평야지대 출신 어머니가 빚어낸 산물입니다. 희박한 확률의 만남. 그 만남 덕에 2남 1녀 중 차남으로 태어났습니다. 멋조롱박딱정벌레와 만난 것도 이런 희박한 우연에서 비롯되었습니다. 군 복무 시절, 어떤 곤충의 딱지날개가 눈에 띄었습니다. 보기 드문 에메랄드 빛의 갑충. 따분하던 시절에 흥밋거리가 생긴 셈입니다. 그것은 새가 만든 것입니다. 배설물로 나온 것이 아니라 입으로 토한 펠릿(pellet)에 딱지날개가 들어 있었지요. 수리부엉이 같은 맹금류가 소화시키지 못하고 뱉은 결과물이었답니다. 이런 펠릿은 두꺼비도 자주 만듭니다. 이 아름다운 딱지날개를 가진 곤충은 어떻게 생겼을까?

희미한 기억은 강렬한 열정이 되어 사람을 변하게 하기도 합니다. 우연히 멋조롱박딱정벌레하고 만난 일을 나는 필연이라 생각하게 되었지요.

두꺼비의 배설물에서 나온 홍단딱정벌레의 딱지날개.

어느 날 딱정벌레 수집가를 만난 적이 있습니다. 그가 가지고 있던 표본에서 보석처럼 빛나는 녀석의 실체를 보았습니다. 독특한 생김새와 아름다운 빛깔의 딱지날개. 무엇보다도 어수룩해 보이는 머리가 정감이 갑니다. 조롱박 같은 독특한 형태와 멋스러운 에메랄드 빛깔. 이 빛깔 때문에 딱정벌레 수집가들이 눈을 부라리고 찾는 곤충이 되었답니다.

은둔자를 찾아서

진정으로 밤을 지배하지 못한 사람은 이 곤충을 알기 힘듭니다. 그래서 사람들이 더욱 밤의 세계에 집착하는 듯합니다. 그런데 궁금한 것이 있습니다. 왜 이들은 홍단딱정벌레나 멋쟁이딱정벌레처럼 평지에 살지 못하고 산지로 내몰렸을까요? 환경부의 멸종위기동물 2급으로 분류되어 많은 사람이 관심을 가졌으면서도 왜 이제껏 이들의 생활사는 알려지지 않았을까요? 나는 미지의 은둔자를 엿보기로 했습니다.

녹음이 우거지는 늦은 5월입니다. 한바탕 빗줄기가 훑고 지나갔지요. 저녁이 되기가 무섭게 촬영 장비를 챙겨 '에메랄드 영토'로 향했지요. '에메랄드 영토'는 멋조롱박딱정벌레를 은밀하게 관찰하던 나 혼자만의 장소랍니다. 에메랄드 영토에 다다른 것은 밤 열 시쯤이었습니다. 빗줄기가 지난 산허리에 다다르니 코끝을 찌르는 알싸한 전나무 향이 숲을 가득 메우고 있습니다. 촉촉함과 향긋한 내음이 머리를 맑게 해주는 그런 날이었지요. 먼저 길을 벗어나 숲으로 들어가기로 했습니다. 그런데 손전등을 비추며 걷는 풀숲은 온통 습기로 가득 차 있습니다. 바짓가랑이가 물기에 흠뻑 젖어 묵직한 무게감이 느껴집니다. 얼마 걷지 못해 곧 피곤해졌답니다. '이러면 안 되겠구나' 하는 생각이 들었지요. 사람도 걷기 힘든데 멋조롱박딱정벌레가 이곳을 지나다니기는 얼마나 힘들까요. 작은 곤충의 몸에 물방울이 달라붙으면 더 죽을 맛일 테니까요. 조금 더 풀숲을 뒤져볼까 하다가 그만뒀습니다. 이렇게 습기가 많은 날이면 멋조롱박딱정벌레도 풀숲을 싫어할 테니까요.

에메랄드 영토의 멋조롱박딱정벌레

풀숲을 포기하고 오솔길로 들어섰습니다. 활엽수 사이로 잣나무와 전나무가 있었는지 바닥에 마른 잎이 즐비했습니다. 바로 그때였습니다. 허벅지 굵기의 전나무 기둥에 멋조롱박딱정벌레가 앙증맞게 올라앉았습니다. 흠칫했지요. 그렇게 찾던 놈들이 이런 곳에 있을 줄이야! 야행성 딱정벌레가 나무를 탄다는 사실이 놀라웠습니다. 녀석이 왜 이런 곳에 올라왔을까?

주변을 더 살펴보았습니다. 바닥에는 우리딱정벌레 몇 마리가 어슬렁거렸습니다. 나중에 안 사실이지만 멋조롱박딱정벌레는 언제나 약자였습니다. 다른 종들과 다투게 되면 늘 지는 편이었죠. 그날도 먹이 경쟁에서 우리딱정벌레에게 밀려 나무기둥으로 피한 것입니다. 그 이후로도 이런 장면을 몇 차례 더 목격했습니다. 예상컨대 멋조롱박딱정벌레는 홍단딱정벌레에게 밀리고 우리딱정벌레에게 쫓겨 깊은 산중까지 숨어든 것입니다.

이날 만난 멋조롱박딱정벌레는 모두 일곱 마리입니다. 수컷 다섯 마리에 암컷 두 마리. 암컷을 찾아 수컷의 행동이 바빠진 듯 했습니다. 비록 짝을 짓는 모습은 보지 못했지만 이맘때가 그들의 결혼 시즌인 셈입니다. 밤 기온은 영상 11~13℃. 이 온도는 딱정벌레를 관찰하는 데 중요한 기온입니다. 멋조롱박딱정벌레는 온도가 너무 낮거나

홍단딱정벌레.

멋조롱박딱정벌레가 나방 애벌레를 사냥하는 모습.

멋쟁이딱정벌레.

높아도 눈에 띄질 않습니다. 온도가 높으면 홍단딱정벌레나 멋쟁이딱정벌레가 활발하게 활동을 합니다. 기온이 너무 낮거나 또는 높고, 건조하면 환경 변화에 잘 적응하는 우리딱정벌레가 어슬렁거립니다. 이 메모는 나중에 멋조롱박딱정벌레를 찾는 데 매우 요긴한 자료가 되었습니다.

서툰 사냥술과 멈춰 서는 버릇

멋조롱박딱정벌레의 사냥은 미숙함 그 자체랍니다. 약고 재빠르기는커녕 아주 게을러 사냥을 배우다가 만 솜씨 같습니다. 다른 딱정벌레들은 혼자서도 척척 사냥을 잘 해냅니다. 제 몸보다 몇 배 큰 지렁이를 사냥하기도 하지요. 그러나 이 칠칠맞은 주인공은 고작해야 길 잃은 작

홍단딱정벌레의 사냥 모습.

은 벌레만을 상대합니다. 소심함 때문일까요? 이 주인공은 왜 그토록 사냥에 서툴까요? 경쟁자와 맞닥뜨리면 얼른 나무 위로 비켜나는 것은 무슨 이유일까요? 손전등으로 비추면 도망가지 않고 멈춰 서는 이유는 또 뭘까요?

가위 턱을 가진 이 곤충의 시력은 좋지 못하답니다. 장님이란 표현이 맞을지도 모르겠습니다. 밝고 어두운 정도와 어렴풋이 형체만을 구분할 정도지요. 한밤중 관찰을 할 때 손전등을 이리저리 비춰가며 딱정벌레를 찾다보면 별의별 일이 다 벌어집니다. 큼지막한 윤조롱박딱정벌레는 불빛에 아랑곳하지 않고 큰 걸음으로 허겁지겁 달아납니다. 홍단딱정벌레도 멋쟁이딱정벌레도 마찬가집니다. 그러나 멋조롱박딱정벌레만은 다릅니다. 불빛이 닿으면 녀석의 몸은 망부석처럼 굳어 버립니다. 강렬한 불빛이

애딱정벌레.

① 멋조롱박딱정벌레에게 빛을 비추자 우두커니 멈춰 서 있습니다.
② 멋조롱박딱정벌레 이색형.
③ 홍단딱정벌레의 짝짓기(이색형).
④ 멋조롱박딱정벌레와 비슷한 윤조롱박딱정벌레.
⑤ 홍단딱정벌레. 홍단딱정벌레도 여러 이색형 개체가 관찰됩니다.
⑥ 멋쟁이딱정벌레 이색형(계방산).

눈이 부신 탓일까요? 처음 겪는 사람은 당연히 눈부심 때문에 일어나는 현상이라 말할 것입니다. 하지만 나는 이것을 좀 더 자세히 관찰하기로 했습니다. 다른 딱정벌레는 왜 급하게 달아나는데 이 녀석만 다른 행동을 취할까요?

6월이 되면서부터 녀석을 관찰하기가 바빠졌습니다. 녀석들이 한창 활동할 시기를 놓치면 일 년을 기다려야 다시 기회가 오기 때문에 마음이 바쁘기 마련이지요. 그런데 '에메랄드 영토'까지 오가는 일이 보통 버거운 게 아닙니다. 먼 거리를 오가려면 시간과 비용이 만만치 않게 드니까요. 더구나 다른 곤충들도 함께 관찰과 사육을 해야 하니 더욱 어려울 수밖에 없습니다. 그러니 계획을 꼼꼼히 세웠습니다. 날씨에 따라 활동하는 모양이 달라지는 녀석들이니 정확한 날씨며 기온과 풍향까지 꼼꼼히 점검했습니다.

곤충들이 짝짓기할 상대를 만나는 방법엔 몇 가지가 있습니다. 소리를 내어 짝을 부르는 녀석, 시력이 좋아서 눈으로 상대를 찾는 녀석, 페로몬을 분비해 짝을 부르는 녀석, 먹이가 많은 곳을 차지하고 있다가 짝이 다가오게 만드는 녀석 들이 있지요. 그런데 이 녀석들은 도대체 어떻게 짝을 찾을까요? 한밤중에 활동을 하며 시력도 그다지 좋지 못하니 시력에 의존하는 걸로는 보이지 않습니다. 소리를 내지도 않으니 그 방법도 쓸 수가 없습니다. 먹이를 차지하고 무작정 기다리는 방법도 다른 훼방꾼들 때문에 쉽지 않은 노릇입니다.

녀석들은 냄새로 짝을 찾을까요? 자기 짝이 지나간 냄새를 따라 무작정 돌아다니는 것일까요? 아니면 이도저도 아무런 방법도 없이 아무데나 마구 돌아다니다가 짝을 만나게 될 우연에 기대는 것일까요?

숲에 어둠이 내리기 시작하면 녀석들을 찾아다니기 시작합니다. 하지만 녀석들이 내 눈에 띄는 것은 언제나 밤이 무르익은 뒤부터랍니다. 녀석들이 걷기 힘든 풀밭을 헤치고 나와야 했기 때문입니다. 밤이 이슥해질 무렵 번식기의 수컷은 암컷을 찾아 끊임없이 돌아다닙니다. 초저녁도 아니

멋조롱박딱정벌레의 짝짓기.

고 열 시가 훨씬 넘어야 녀석들의 방랑이 시작됩니다. 어떤 때는 새벽 두 시에 나돌아 다니기도 합니다. 그러니 어느 틈에 내 생활도 밤 올빼미처럼 변해갔답니다.

사랑이 충만한 자는 두려울 것이 없습니다. 그래서인지 멋조롱박딱정 벌레 수컷들도 늘 짝짓기를 할 때만은 당당합니다. 하지만 수컷은 암컷에게 사랑을 간청하느라 다른 여유가 없는 듯합니다. 경쟁 상대가 나타나기 전에 암컷의 사랑을 얻어내야 하니 마음이 바쁠 수밖에요. 확률 낮은 만남으로부터 이루어진 짝짓기라서 그런지 다른 어떤 곤충들보다 이들의 사랑은 애절해 보입니다. 하지만 암컷은 짝을 짓는 순간부터 어디에 알을 낳고 또 어떻게 키워나갈지를 생각해야만 합니다. 앞날의 일을 걱정해야 할 몫이 주어진 암컷이 이런 애절함 따위에 연연할 수는 없으니까요.

소유하는 것과 향유하는 것

녀석들을 관찰하면서 한 가지 갈등이 생겼습니다. 녀석들을 집으로 데리고 가서 사육하며 관찰을 할 것인가, 아니면 그대로 두고 자연 상태에서 관찰을 할 것인가 하는 문제지요. 녀석들을 소유하느냐 향유하느냐 둘 중 하나를 선택해야만 했습니다. 자연을 관찰한다고 하고 있지만 이 소유와 향유 사이에서 갈등을 하게 되는 때는 많습니다. 자연에서 관찰을 하는 데 많은 제약이 따르는 종일수록 소유하고자 하는 욕심이 더 생기게 마련이지요. 녀석을 자연에서 만나기가 어렵기도 한데다가 이 녀석에 대한 내 열정이 다른 녀석들보다 더했기 때문일지도 모릅니다. 다음번 관찰을 하려고 다시 이곳에 온다 하더라도 이 녀석들을 다시 만나는 게 쉽지 않겠지요. 하지만 그리 길지 않은 시간이 지난 뒤 결정을 내렸습니다. 암컷이 알을 낳는 모습을 보았거든요.

멋조롱박딱정벌레는 어떤 알을 낳을까요? 그리고 애벌레는 어떻게 생겼을까요? 그동안 왜 그런 모습이 사람들 눈에 띄지 않았을까요? 나는 이 의문을 풀어보기로 했습니다. 내 일이란 자연에서 일어나는 일의 인과관계를 밝혀내는 것이니까요.

6월 15일. 이 날은 멋조롱박딱정벌레를 관찰하던 중 잊지 못할 날입니다. 녀석의 신비가 밝혀지는 순간이었으니까요. 아침부터 몰려온 먹구름이 기어이 오전부터 비를 뿌렸습니다. 습기 가득한 숲을 생각하면서 멋조롱박딱정벌레를 찾아 나섰습니다. 길모퉁이에 차를 세워두고 천천히 숲으로 들어섰습니다. 촘촘히 풀이 난 곳을 피해 바람이 잘 통하는 곳으로 발길을 옮겼습니다. 딱정벌레 처지에서 보면 물방울이 가득한 풀밭을 헤치며 다니는 일은 바보 같은 일이었을 테니까요.

비가 내린 숲에서는 듬성하게 서 있는 전나무의 상쾌한 향이 마음까지 깨끗하게 만듭니다. 지난번 녀석들을 만났던 곳으로 걷다보니 어느 틈

산란 중인 멋조롱박딱정벌레. 배 끝을 구부려 흙 속에 공간을 만들고 알을 낳습니다.

멋조롱박딱정벌레 애벌레.

멋조롱박딱정벌레의 알.

에 나무 등걸까지 닿았지요. 바로 그때 자그마하고 오뚝하게 서 있는 것이 보였습니다. 줄무늬를 한 연두빛이 눈에 들어왔지요. 그것도 배 끝을 잔뜩 구부리고 있는 녀석을요. 멋조롱박딱정벌레 암컷이 알을 낳느라 낑낑대는 모습이 보였습니다. 갑자기 눈앞이 환해지는 것을 느꼈습니다. 한동안 시선을 떼지 못한 채 녀석을 지켜보았지요. 이윽고 가방을 내려놓고 카메라를 꺼내들었습니다. 무릎을 꿇고 시선을 지면과 나란히 했습니다. 소중하고 아름다운 순간을 담아야 했으니까요.

에메랄드 영토의 담장

녀석이 알을 낳는 모습을 지켜본 후엔 녀석을 데리고 가 사육을 해보려는 마음을 접었습니다. 녀석의 모습이 너무 아름답고 고귀해 보여서 손을 대는 것에 미안한 마음이 들었기 때문입니다. 관찰도 중요하지만 자연은 그대로 두고 향유할 때 아름다운 모습을 우리에게 보여준답니다.

하지만 한 가지 문제가 생겼습니다. 그대로 두고 새끼들이 자라는 모습을 지켜보겠다고 마음을 먹고 나니 집에서 여기까지 거리가 문제였습니다. 언제 또 이곳에 오게 될지도 모르는데 그 사이 어미와 애벌레가 다른 곳으로 옮겨가버리면 그동안의 관찰이 수포로 돌아가게 될 것만 같습니다. 그렇다고 집으로 데리고 가 사육을 하려 해도 이 녀석들에 대한 정보가 너무 없어서 쉽지 않은 일입니다. 녀석들이 좋아하는 온도도 습도도 모르니 자연 그대로의 모습을 보게 될지 장담할 수도 없는 일이고요. 어떻게 해야 할까요?

곰곰이 궁리하고 결정했습니다. 작은 담장을 쌓아두기로 말이지요. 담장을 둘러쳐 알에서 깨어날 아기와 어미를 그곳에 두고 살펴보려는 심산이었죠. 담장 안에는 며칠간 먹을 수 있는 식량과 숨을 공간을 만들어 놓았습니다. 담장 안쪽에 나무토막을 놓고 그 아래에 틈을 만들어 두었습니다. 어미와 알에서 깨어난 애벌레가 몸을 숨길 공간을 배려한 것입니다. 예상대로라면 이들은 밤에 나와 먹이를 먹고 낮에는 이 틈바구니에서 쉬게 될 겁니다.

시간이 흘러 다시 그곳으로 향할 기회가 왔습니다. 이번에도 왕성하게 활동할 시간대를 맞추기로 했습니다. 어쩌면 알에서 깨어난 아기들의 모습을 보게 될지도 모르기에 스무 살의 설렘마냥 나무토막을 들추었습니다. 나는

홍단딱정벌레 입 옆에 있는 감각기관.

하마터면 '악!' 하고 소리를 지를 뻔 했습니다. 녀석들의 엄마가 멀뚱한 눈으로 나를 빤히 쳐다보고 있었던 겁니다. 더욱 놀라운 것은 발 아래 끼고 있는, 엄마를 닮아 목이 긴 까만색 아기들이었습니다. 아기는 이미 알에서 깨어나 엄마가 먹다 남은 먹이를 먹고 있었습니다. 특히 의외인 것은 멋조롱박딱정벌레의 엄마에게는 자식을 돌보는 모성애가 있을지도 모른다는 것이었습니다.

없어서는 안 될 곤충

아직까지 조카들은 딱정벌레를 싫어합니다. 한번은 여자인 영현이에게 보여줬답니다. 그런데 의외로 냉담했습니다. 영현이는 홍단딱정벌레를 본체만체합니다. 이유는 간단했습니다. 무섭게 생겼다는 것입니다. 육식 곤충의 입이 혐오감을 일으킨 탓이겠지요.

문제는 또 있습니다. 녀석들한테서는 묘한 냄새가 납니다. 톡 쏘는 듯 매스꺼운 냄새. 이 냄새는 녀석들이 천적으로부터 자신을 보호할 요량으로 내뿜는 액체인데 사촌격인 먼지벌레도 이와 비슷하게 냄새 물질을 내뿜습니다. 폭탄먼지벌레의 경우, 심할 때는 세 차례나 가스 폭탄을 퍼붓는데 살갗에 닿으면 따끔하답니다. 처음에는 딱정벌레 무리는 덜한 줄 알았지요. 그런데 대부분의 딱정벌레는 벤조퀴논류의 물질을 분비합니다. 언젠가 녀석들을 자세히 보려고 얼굴을 들이밀었다가 녀석들이 뿜어낸 액체 방울이 눈에 들어간 적이 있었지요. '앗 따가워!' 고함을 지르며 물가로 달려갔답니다. 급하게 물로 씻었지만 한동안

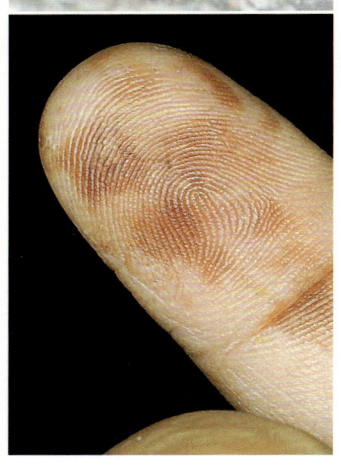

딱정벌레와 사촌 격인 먼지벌레. 위 사진은 폭탄먼지벌레가 손가락을 향해 폭탄을 터뜨리는 모습입니다. 아래는 폭탄을 맞아 그을린 손가락.

눈을 뜰 수 없었지요.

나는 딱정벌레 수집가들에게 경의를 표합니다. 밤에 활동하는 녀석들을 수집하기 위해 한밤중에 열정을 발산한다는 것은 결코 쉽지 않은 일이니까요. 하지만 나는 여기에서 좀 더 나아가 그들의 삶을 관찰하고 생생한 모습을 사진으로 담고자 합니다. 그들이 살아가는 과정 전체를 말입니다.

여름이 끝나갈 무렵 까맣고 작은 녀석들이 자라나 완벽한 에메랄드빛 어른벌레로 변신을 하게 된다면 나는 또다시 자연이 나에게 보여준 경이로움에 고마운 마음을 갖게 될 것입니다. 비록 희박한 확률의 만남 덕에 6월까지 짝을 짓지 못한 녀석들이 있겠지만, 자연은 그들에게도 다음해에 또 다른 기회를 안겨 줄 것입니다. 겨울나기를 하고 다시 여름이 찾아오면 희박하고 우연한 만남을 위해 밤중을 거닐며 묵은 개체들끼리 시절의 변화를 이야기할 것입니다.

① 두꺼비가 먼지벌레를 먹은 후 토하고 있는 모습.
② 두꺼비의 배설물. 곤충의 딱지날개가 잔뜩 섞여 있습니다.
③ 홍단딱정벌레의 애벌레.
④ 멋쟁이딱정벌레의 사체. 이처럼 딱정벌레들은 속날개가 퇴화되어 날 수 없습니다.
⑤ 멋조롱박딱정벌레 수컷의 앞다리. 수컷의 앞다리 발목마디는 짝짓기를 할 때 암컷을 잘 잡을 수 있도록 발달되어 암컷에 비해 발목마디가 넓습니다.
⑥ 멋조롱박딱정벌레 암컷의 앞다리. 발목마디가 가늡니다.
⑦ 멋쟁이딱정벌레의 월동 모습. 땅속에 구멍을 만들어 그 속에서 겨울을 나고 있습니다.
⑧ 멋쟁이딱정벌레가 로드킬 당한 산개구리 사체를 파먹고 있습니다.

⑨ 제주왕딱정벌레.
⑩ 큰명주딱정벌레.
⑪ 왕사마귀 사체를 분해하고 있는 폭탄먼지벌레.

4

황금빛 폭격기
왜 코 벌

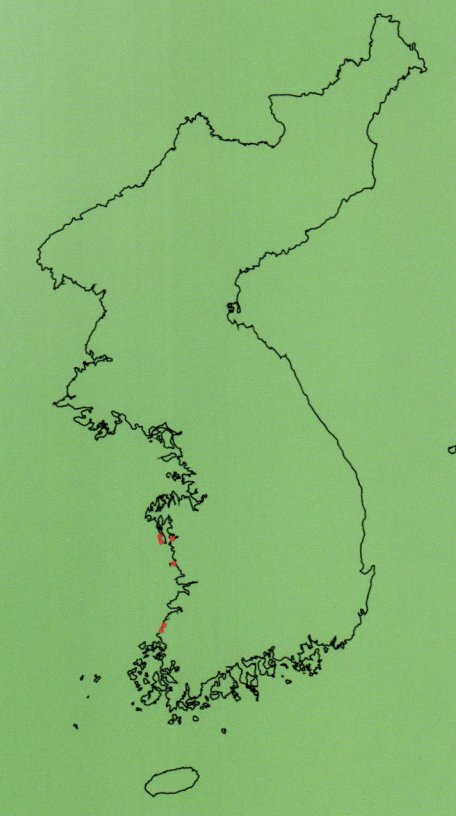

Bembix niponica

- 학 명 : 왜코벌 (*Bembix niponica*)
- 과 명 : 벌목 코벌과
- 어른벌레 관찰 시기 : 8월 ~ 9월 초
- 겨울나기 : 번데기

서해안의 사구 일부 지역에서 관찰할 수 있는 코벌 종류입니다. 황등에붙이, 검정볼기쉬파리 등 파리류를 사냥해 새끼의 먹이로 삼습니다. 우리나라에 사는 코벌류 중에서 가장 큽니다.

서해안 사구 모습.

풍요로운 해변

　병풍처럼 둘러친 산줄기, 붉은 수수밭, 황토 먼지, 기슭을 쓸어내린 돌 잔해, 투명한 개울, 금빛 모래, 밝은 화강암 바위. 산골 마을에서나 볼 수 있는 전경입니다. 외딴 산골짜기 마을인 내 고향의 흔적이기도 합니다. 첩첩산중 도로라곤 물길 옆으로 난 외길이 고작입니다. 머리통 크기의 돌을 매무새 있게 쌓은 돌담길이 어렴풋이 남아 있는 곳이죠. 유년 시절을 이런 산골에서 지낸 탓인지 아직도 바다를 보면 색다른 감흥을 느낍니다. 산지의 것은 웬만큼 익혔지만 해변의 것은 처음부터 익혀야 할 형편이었지요.
　8월의 뙤약볕! 그것은 뜨거운 화살입니다. 이 달궈진 화살에 스치기라도 하면 그날 잠자리는 불에 데인 듯 쓰리고 따끔거렸습니다. 그러니 누가 지독한 땡볕을 좋아할까요. 좋아한다면 여름 해변을 처음으로 찾은 피서객뿐이겠지요.

떠밀려 온 죽은 물고기, 힘없이 널브러진 꽃게의 사체, 버려진 어망, 주인 잃은 스티로폼 부표. 그곳은 낭만과 서글픔이 교차하는 곳입니다. 그래도 희망을 갖기로 합시다. 밀려드는 파도 소리에 모래 구멍을 갈무리하는 엽낭게의 분주함을 볼 수 있는 곳이기도 하니까요. 서해의 밀물은 온갖 것이 뒤섞인 황토를 몰고 오지만 풍요로운 생명을 품고 빠져나갑니다. 해변의 이런 모래밭은 우리가 미처 알지 못한 많은 것을 일러줍니다. 바지락 죽의 감미로운 맛을 좋아하게 된 것도, 재미난 막시류의 생활을 알게 된 때도 서해안 해변을 관찰할 무렵이었으니까요.

파리 사냥꾼! 이 황금색 사냥꾼을 만나기까지 얼마나 많은 해변을 뒤졌는지 모릅니다. 8월의 모진 땡볕도 이젠 감수할 만하답니다. 이들의 멋진 사냥 비행을 바라볼 수만 있다면 하루 종일 모래밭에서 턱을 괴고 있을 수도 있습니다. 새매처럼 재빠르게 쫓아가 갓난애를 안 듯 데려오는 그 우아한 비행 솜씨. 막시류를 좋아하는 자에게 해변만이 내놓을 수 있는 가장 풍요로운 혜택이랍니다.

뙤약볕의 사냥꾼

Y자로 갈라진 산초나무 가지에 질긴 쇠가죽 조각, 아기 기저귀용 노란 고무줄. 검고 납작한 합성고무, 여기에 여분의 바느질용 실만 있으면 괜찮은 고무줄 총 하나를 만들 수 있습니다. 사정거리 15m. 이 거리에서는 웬만한 것은 죄다 맞춥니다. 유년시절에 즐기던 고무줄 총의 위력이었지요. 포도 한 알을 장전하고 귓전까지 당긴 쇠가죽을 손에서 놓으면 '팽' 하고 날아가 '빽' 하고 알락할미새 한 마리가 떨어집니다. 덜 여문 포도알은 산산이 깨어지고, 나가떨어진 새는 이윽고 머리를 털고 일어납니다. 죽이지

않고 잡는 새 사냥법입니다. 이처럼 예민한 알락할미새를 잡을 수 있었던 것은 거리와 풍향, 적절한 은폐물 그리고 좋은 시력 때문입니다. 사냥꾼의 자질에서 첫째로 중요한 것은 예리한 눈입니다. 그 다음은 지형지물을 이용할 줄 아는 응용력이랍니다. 먼저 보고 길목을 지켜 순간을 노려야 하기 때문이지요.

해변에서 만난 이 막시류도 내가 유년 시절에 했던 똑같은 방법으로 사냥을 합니다. 숨어 있는 파리를 찾아내어 길목을 노리고 날아가 잡아채는 것입니다. 나는 몸을 숨기고 정지한 상태로 탄알을 쏘았지만 이들은 새매처럼 급강하하며 쫓아갑니다. 이들은 어디로 빠져나갈지 모르는 파리를 어떻게 공중에서 낚아챌 수 있을까요? 궁금증은 점점 더해갔습니다. 더구나 이들이 사냥하는 때는 일 년 중 가장 지독한 더위를 자랑하는 8월 땡볕입니다. 우리가 잘 알지 못하는 이 재미난 막시류와 무더위는 어떤 관계가 있을까요?

모래언덕의 장관

파리를 사냥하는 이 녀석은 '왜코벌'입니다. 코주부처럼 입 언저리가 삐죽이 불거져 나와 붙인 이름이지요. *Bembix* 속의 막시류는 우리나라에 두 종이 있습니다. 그 중에서 '왜코벌'로 불리는 이놈이 가장 큽니다. 이들의 사냥감은 파리입니다. 금파리, 쉬파리, 집파리, 등에류의 모든 놈들을 사냥하지만 이번에 확인한 것은 쉬파리, 집파리, 황등에붙이, 꽃등에뿐이었습니다. 이 녀석들이 언제

코벌의 얼굴은 코가 삐죽이 튀어 나온 것처럼 생겼습니다.

왜코벌 암컷이 모래 굴을 파는 동안 수컷이 다가와 짝짓기 기회를 엿보고 있습니다.

나타나는지 알아보기 위해 7월 20일에 해안가 사구를 찾아보았지만 한 녀석도 눈에 띄지 않았습니다. 그리고 25일이 되어 다시 방문했을 때도 없었습니다. 30일이 되어서야 간신히 몇 개체 나타나더니 8월이 되어 날이 뜨거워지자 언제 그랬냐는 듯이 쉽게 눈에 띄었습니다. 이런 모습은 8월 중순쯤에 최고조에 달했습니다. 그러나 9월이 되어서 점차 줄어들더니 10일이 넘어서는 한 마리도 보이지 않았습니다. 땡볕에 달궈진 모래 열기를 좋아한다는 점, 왕방울만큼 큼지막한 눈을 가졌다는 점, 해안 사구를 좋아한다는 점. 이런 특징만으로 녀석들이 어떻게 사냥을 하고 어떻게 살아가는지 알아낼 수 있을까요? 어쨌든 실마리를 찾았으니 우선 녀석들의 삶을 유추해 봐야 할 듯합니다.

이른 아침 해안가를 서성이기 시작했습니다. 보이는 것

대모벌 들은 거미를 사냥해 새끼의 먹이로 삼는 벌입니다.

왜코벌이 모래사장에 앉아 햇볕을 쬐고 있습니다. 처음이 충분히 올라간 뒤에야 활동을 시작합니다.

이라곤 작은 대모벌의 사냥 뿐입니다. 간간히 꼬마길앞잡이가 나들이하고 있는 모습이 보입니다. 윙윙대는 파리 떼가 한적한 모래밭에 나타난 이방인을 경계라도 하는 양 분주합니다. 한참을 헤매다녔습니다. 푹푹 빠져드는 모래밭은 발걸음을 더욱 무겁게 만듭니다. 허탈감에 빠질 무렵입니다. 가지고 간 물병이 바닥을 보이니 위기감마저 감돕니다. 오전 10시가 넘어 지인이 알려준 모래언덕으로 접어들 때였지요. 순간! 나는 자지러지고 말았습니다. 놀라운 광경이 펼쳐지고 있었으니까요. 땅을 파는 놈, 사냥감을 물어오는 놈, 짝지으려고 활개치는 놈. 작은 공간 안에 녀석들이 죄다 모여 있습니다. 내 눈을 의심할 정도였지요. 모두가 황금색으로, 애타게 찾던 그 녀석들이었지요.

녀석들의 아침은 해가 뜰 무렵부터 시작되는 게 아니었습니다. 녀석들의 아침도 늦잠꾸러기처럼 늦게 시작합니다. 나중에 안 사실이지만, 아직

데워지지 않은 모래 온도 때문입니다. 열기를 내뿜지 않는 사구에서는 녀석들이 전혀 활동을 하지 않는 듯 했습니다. 서늘한 바닷바람이 조금이라도 불면 녀석들이 모래 바닥에 납작 엎드려 덜덜 떨고 있었으니까요.

한낮 모래밭의 전경

모래밭이 강렬한 햇빛에 달궈지기 시작했습니다. 놈들의 움직임이 시작되자 이번에는 내 몸이 괴로워지기 시작합니다. 모래의 더운 열기 때문입니다. 8월의 온도는 32℃를 가리키지만 모래 위는 벌써 40℃를 넘어섰습니다. 왜코벌을 관찰하기는커녕 몸이 벌써 지쳐 쓰러질 지경입니다. 그렇다고 놈들의 멋진 사냥 모습을 놓아두고 나무 그늘로 들어갈 수는 없습니다. 괴롭지만 땡볕과 싸워야 합니다. 이것이 생태연구자의 자세니까요.

모래 터널을 파는 것은 모두 암컷입니다. 사냥감을 물어오는 것도 암컷이구요. 수컷은 여느 막시류처럼 그냥 빈둥거리다가 마음에 드는 암컷이 나타나면 꽁무니를 쫓아 추파를 던집니다. 이 점에서는 척추동물이나 무척추동물이나 크게 다를 바 없습니다. 어떨 때는 사냥감을 운반해 오는 유부녀까지도 집적대곤 합니다. 그러나 그녀는 한마디 대꾸도 없습니다. 그냥 맡겨진 일에만 마음을 씁니다. 귀찮으면 몸을 털듯 움찔움찔하는 정도

굴착 공사를 하고 있는 암컷 뒤에 수컷이 날아왔습니다.

① 왜코벌 암컷이 모래 굴을 팔 자리를 물색하고 있습니다.
② 자리를 찾으면 바로 굴을 파 들어갑니다.
③ 수컷이 날아와 짝짓기 기회를 노리고 있습니다.
④ 완성된 모래 터널.
⑤ 굴이 완성되면 사냥을 하러 떠납니다.
⑥ 새끼에게 먹일 파리를 굴에 넣고 나면 모래 굴 입구를 다시 모래로 덮습니다.
⑦ 터널이 있던 자리를 모래로 덮고 있습니다.
⑧ 흔적이 거의 안 보일 때까지 모래 터널을 덮고 모래를 흩뿌립니다.

랍니다. 아무 반응이 없으면 이 한량도 끝내 포기하고 맙니다. 수컷의 조바심에도 반응 없는 암컷. 애타는 것은 수컷뿐입니다.

터널 공사를 끝낸 암컷은 모래를 덮어 입구를 감추고 사냥을 떠납니다. 사냥터는 바닷물이 넘나드는 경계선까지입니다. 놈들의 사냥감은 파리랍니다. 죽은 생선과 떠밀려온 쓰레기에는 들끓는 파리가 장사진을 이룹니다. 이들 중 한 녀석을 사냥할 속셈이지요. 사냥은 한번 나가면 3~10분 만에 돌아옵니다. 날이 더울수록 사냥 성공률도 좋습니다. 이따금 서늘한 해풍이 불어 닥치게 되면 한참이 되어서야 돌아오곤 했습니다.

아기를 양육하는 막시류

사냥감을 안고 오는 이들의 행보는 끝이 없습니다. 오늘도 내일도 계속됩니다. 그런데 터널 안에서는 어떤 일이 일어나고 있을까요? 궁금했지요. 결국 모래를 파보기로 했습니다. 작업은 오후 네 시가 넘어 시작했습니다. 놈들을 자극하지 않으면서 내 궁금증을 만족하려면 이들의 일과가 끝난 다음이 좋으니까요. 모래 구멍 옆에서 60센티미터쯤 팠을까. 지면에서 30센티미터 정도 깊이에 잔뜩 잡아놓은 파리 떼가 보였습니다. 그 밑에는 사냥감에 꼭 달라붙은 희끗하고 길쭉한 것이 꼼지락거리고 있습니다. 이제야 알 것 같았습니다. 그녀의 아기는 터널 속에 단 한 마리입니다. 이제껏 사냥해 오던 파리는 아기에게 먹일 양식이었네요. 양식은 때론 오십 마리가 넘을 때도 있습

왜코벌의 산란관(위). 사냥감을 마취시키는 침입니다.
검정볼기쉬파리(아래). 왜코벌이 주로 사냥하는 사냥감입니다.

① 황등에붙이를 사냥한 왜코벌이 터널로 날아오고 있습니다.
② 터널 근처에 날아와 앉았습니다.
③ 놀라면 사냥감을 떨어뜨리기도 합니다.
④ 왜코벌이 잠시 한눈을 파는 사이 기생파리가 날아와 사냥감에 앉아 있습니다.
⑤ 사냥감을 안은 채 막혀 있던 터널 입구를 힘차게 파기 시작합니다.
⑥ 짝짓기를 마친 수컷이 터널 주변에서 죽어갑니다.
⑦ 왜코벌 어른벌레가 박주가리꽃에서 꿀을 빨고 있습니다.
⑧ 햇볕에 바짝 마른 모래의 아래까지 터널을 파 놓고 그 안에 애벌레의 먹이를 여러 마리 잡아 놓았습니다. 애벌레는 이 파리를 먹고 자란 후 내년 여름 어른벌레가 되어 세상으로 나옵니다.
⑨ 터널 속에서 파리를 먹으며 자라는 애벌레.
⑩ 바닷가에 떠밀려온 물고기 사체에 달려드는 금파리류. 바닷가에는 이런 파리 종류가 많이 서식합니다.
⑪ 해안 사구에 많은 기생성 개미벌류.

비행하는 동안 왜코벌의 더듬이는 위로 들려 있습니다.

바닥에 착륙한 후엔 더듬이를 아래로 내려 냄새로 터널의 흔적을 찾습니다.

니다. 아기의 먹성이 어찌나 좋은지 엄마의 잦은 사냥도 충분치 않습니다. 하지만 여름 날씨가 항상 좋으리란 보장이 없습니다. 한낮에 내리는 소나기는 모든 것을 망쳐버리기도 합니다. 아기 양육을 위해 볕이 좋을 때 쉼 없이 양식을 장만해 와야 했습니다.

 그런데 다른 문제는 없을까요? 집을 비워두고 사냥을 나갈 때 도둑이 드는 건 아닐까요? 이런 궁금증은 녀석이 사냥을 나가는 모습을 지켜보면서 금세 해결되었습니다. 녀석은 문단속을 잘하기로 소문난 막시류여서 사냥을 나설 때 메마른 모래를 흩뿌려 입구를 덮어버립니다. 잠시 동안 한눈을 팔게 되면 녀석의 굴 입구가 어디인지 다시 찾는 게 보통 어려운 일이 아닙니다. 그런데 이 녀석들은 사냥에서 돌아와 모래 굴 입구를 금세 찾아냅니다. 어찌 된 일일까요? 마치 귀신에 홀리기라도 한 것처럼 감쪽같이 사라졌던 모래 굴 입구를 녀석들은 어떻게 한눈에 찾아낼까요? 굴 입구에 냄새가 나도록 어떤 분비물을 묻혀두는 게 아닐까 궁금해 코를 대고 킁킁 냄새를 맡아봤지만 내 코에는 그저 소금기 섞인 바다 냄새밖에는 나지 않습니다.

시커먼 파리를 안고 붕붕 소리를 내며 녀석이 굴 입구로 날아왔습니다. 제법 덩치가 큰 파리를 가볍게 안고 있는 모습이 의기양양합니다. 굴 입구 근처에 착륙한 녀석이 이내 더듬이를 바닥에 대고는 사냥을 떠나기 전 남겨두었던 냄새를 찾는 듯 여기저기 수색을 시작합니다. 얼마나 빨리 굴 입구를 찾아내는지 지켜보던 내 호기심이 무색하리만치 금세 굴 입구를 찾아내고는 모래를 열어젖힙니다. 녀석의 더듬이는 인간이 가진 어떤 감각기관보다 뛰어난 능력을 발휘하는 듯 보입니다. 그러나 비행에서는 이 더듬이가 필요치 않습니다. 이것은 사진으로 담아놓고 보면 확연해집니다. 녀석이 비행할 때는 더듬이를 치켜세우고 있는데, 바닥에 착륙했을 때는 입구를 찾기 위해 아래로 숙이고 있다는 것을 알 수 있습니다.

해안 사구와 왜코벌

코벌은 모래질의 미세한 흙을 좋아합니다. 해변의 사구나 강변, 석회암 토양의 가는 흙이 있으면 됩니다. 여기에 뜨거운 햇볕만 첨가된다면 바랄 것이 없습니다. 해안 사구는 그냥 모래 언덕만 있는 것이 아닙니다. 왜코벌의 번식 터널도 따지고 보면 수분 가득한 깊은 곳에 있습니다. 겉 표면으로부터 3센티미터는 메말라 잘 흩어지는 건조한 모래이고, 그 아래에는 시원하고 적당한 습기를 머금은 모래가 쌓여 있습니다. 한번은 호된 더위에 지쳐 삽으로 모래를 파고 속에 들어간 적이 있었는데 어찌나 시원한지! 왜코벌의 아기들한테도 모진 더위는 으히려 해가 되는 모양입니다. 하지만 엄마는 아기의 양육을 위해 땡볕에서 사냥을 다닌 것이지요.

산골에서 태어난 내게 넓게 끝없이 펼쳐진 해변은 마음까지 시원하게 만들어주는 듯해서 해안 사구를 떠올리면 언제나 기분이 좋습니다. 살살 불어오는 바람결에 실눈을 뜨고 탁 틘 수평선을 응시하는 기분을 무엇에

서해안 풍경.

비할까요. 더구나 이곳에 와야만 볼 수 있는, 새총잡이의 시야보다 더 뛰어난 막시류의 사냥술은 보는 이로 하여금 감탄을 자아내기에 충분합니다. 침으로 쏠 것처럼, 그리고 사납게 물어뜯을 것처럼 조금은 두렵기도 하지만 이들만큼 얌전한 벌도 없습니다. 손으로 툭툭 밀어도 쏘지 않는 뒤영벌과의 벌처럼 순합니다.

  물론 해안 사구가 녀석들만 살아가는 세상인 것은 아니랍니다. 우리가 아직 알지 못하는 신비한 생태계가 우리에게 해안 사구의 중요성을 일깨워주기 위해 재미있는 이야기를 품은 채 기다리고 있겠지요. 그 많은 이야기를 모두 알기까지 얼마나 많은 시간을 인내하고 노력해야 하는지 아직은 짐작하기도 힘들 정도랍니다.

  6월에 짝을 지어 모래 속에 낳아둔 표범장지뱀의 알 다섯 개가 모두 깨어나 새끼들이 모래밭을 활보할 때면 또다시 벌어질 왜코벌의 힘찬 번식 과정을 볼 수 있겠지요. 어쩌면 이것을 핑계로 해송밭 땅바닥에서 쏙독새

서해안 사구에서 살아가는 표범장지뱀.

아기를 만날 수 있을지도 모릅니다. 황대모벌이 긴호랑거미를 사냥하려고 사초 숲을 뒤적이면 꽁무니를 치켜들고 바닥에 엎드린 거미의 놀란 표정도 볼 수 있을 것입니다.

사람들은 점점 사라져버리는 해안 사구의 중요성을 이야기하면서도 이 곤충의 중요성을 미처 알지 못합니다. 이들 막시류가 여름날 귀찮게 들썩이는 파리 떼를 잡아주어 우리에게 도움을 주고 있다는 사실을 제대로 알고나 있을까요? 자연은 심심풀이로 사냥을 허락하진 않습니다. 철없던 유년기에 행한 고무총 사냥이 얼마나 많은 새들을 긴장시켰는지 이제는 잘 압니다. 그리고 이제는 자신있게 이야기할 수 있습니다. 발사된 순항미사일처럼 사냥감을 끝까지 뒤쫓는 황금석 막시류의 노고가 해변의 질서를 만들고 유지하는 데 얼마나 많은 기여를 하는지 말입니다.

5

까탈스런 사냥꾼
나나니

Ammophila sabulosa infesta

- 학 명 : 나나니 (*Ammophila sabulosa infesta*)
- 과 명 : 벌목 구멍벌과
- 어른벌레 관찰 시기 : 5월 ~ 10월
- 겨울나기 : 번데기

나비목 애벌레를 사냥해 새끼의 먹이로 삼는 벌입니다. 땅굴을 파고 마취된 사냥감을 물어와 굴속에 넣고 흙으로 묻습니다. 턱이 발달해 먹이를 물어 오거나 흙을 파낼 때도 턱을 주로 사용합니다.

나나니가 식물의 이삭을 문 채
쉬고 있는 모습입니다.

감각에 대하여

눈이 시리도록 파란 하늘, 깊은 에메랄드 빛 냇물, 통통하게 익어가는 연두빛 꼬투리. 어릴 적 하마터면 나는 이 아름다운 모습을 영원히 보지 못할 뻔했습니다. 눈에 문제가 생겼기 때문입니다. 시력을 잃는다는 것은 청천벽력과도 같은 일입니다. 서글프고 안타까운 일이었지요. 초등학교 3학년 겨울이었답니다. 그 덕에 비타민 A가 왜 필요한지, 베타카로틴이 가득한 주홍빛 당근이 얼마나 아삭한 맛을 내는지 잘 알게 되었지요. 시력을 되찾으려는 눈물 어린 시련이 있고 나서야 어떤 당근이 맛난지 빛깔만 봐도 금방 알 수 있었습니다. 그런 일을 겪고 나서인지 누구도 따라올 수 없는 좋은 시력과 생태 관찰자의 감각을 가질 수 있었답니다.

우리 몸은 잊혀진 감각이 많을 뿐만 아니라 다른 동물에 비해 무디기까지 합니다. 개는 2억 2천만 개의 후각 세포를 갖고 있지만 사람은 고작 오백만 개 정도를 가지고 있다고 합니다. 그러니 된장찌개 안에 들어간 재료 하나 가려내지 못합니다. 개들은 충분히 할 수 있는데도 말입니다.

감각기관은 사용할수록 더욱 발달합니다. 어떤 사람은 매우 발달한 감각을 가지고 있기도 하지만 이들도 처음부터 그런 것은 아니랍니다. 사람의 태아는 처음 엄마의 배에서 모든 감각세포를 그림자처럼 지니고 태어나지만 자라면서 묻어두는 것들이 생기지요. 사용하지 않아서 잊혀지는 것처럼 말입니다.

후각이 뛰어난 블러드하운드는 깜짝 놀랄 만한 능력을 우리에게 보여줍니다. 애초부터 타고난 능력을 발달시킨 결과입니다. 그렇지만 내가 아는 작은 곤충의 감각 만할까요? 태생이 사냥꾼인 이 곤충은 애벌레 전문 사냥꾼이자 뛰어난 침술의 대가랍니다.

우리나라 석회암지대의 민둥산.

헐벗은 땅의 주인

농부에게는 기름진 땅이 필요하겠지만 나에겐 메마르고 버려진 땅이 훨씬 낫습니다. 웅장한 농기계도 없고 살충제를 뿌리지도 않으니까요. 그냥 계절의 변화에 내맡겨진 헐벗은 땅. 나는 늘 이런 땅을 꿈꿉니다. 겉으로 보기엔 하잘 것 없지만 생명이 살아 숨쉬는 재미난 곳이기 때문입니다.

해마다 찾는 영월과 쌍용, 제천, 단양, 문경의 낮은 민둥산은 이런 목마름을 충족시켜주는 곳입니다. 석회암이 풍화되어 뿌연 횟가루처럼 쌓인 그곳은 검푸른 바위들이 세월의 풍파를 말해줍니다. 물 빠짐이 잘 되는 이런 땅은 빗물조차 가두지 못하고 투과해 버립니다. 부족한 수분을 찾아 풀뿌리는 더욱 깊게 땅속을 파고들고, 잎줄기는 옆으로 옆으로 뻗어갑니다. 노간주나무와 회양목이 퍽 인상적인 그 땅은 생명들이 혹독한 자연조건과 힘겹게 사투하는 곳이기도 합니다. 태양이 대지를 달구는 날이면 내 마음

나나니가 나방 애벌레를 사냥해 터널로 물어오고 있습니다.

은 언제나 애벌레 사냥꾼을 찾아 나섭니다. 그 사냥꾼은 메마른 땅을 좋아하는 나나니랍니다. 나나니의 학명인 *Ammophila*라는 말은 '모래땅을 좋아하는 자'라 합니다. 쓸모없는 땅이라 누구도 관심을 두지 않는 곳에서 쉴 새 없이 사냥에 몰두하는 재미난 생명체이지요.

지표면이 적당히 데워지고 나면 나는 황량한 바닥을 뚫어져라 바라봅니다. 그러면 정적이 휩쓸고 지나간 듯한 곳에서 무엇을 잃어버린 듯 서성이는 묘한 녀석을 만납니다. 쭉 뻗은 다리를 한데 모으고 꽁무니를 치켜든 채 무언가를 바쁘게 찾는 행동. 이 녀석들의 행동을 쉽게 이해할 수는 없지만 자연에서 이들처럼 품위 있는 사냥꾼이 또 있을까 싶습니다. 억센 노동자의 모습. 그러면서도 놀라운 감각을 가지고 있다는 평은 분명한 사실인 듯합니다.

① 홍다리나나니가 구멍에서 파낸 흙을 물어다 버리기 위해 날아오르고 있습니다. 녀석들은 구멍 속의 흙을 일일이 멀리 내다버립니다. 우리나라에 사는 나나니 중 가장 큰 종류입니다.
② ~ ③ 나나니가 구멍을 파고 있습니다.
④ 파낸 흙을 입으로 물어다 버립니다.

나나니의 터널 공사

나나니의 활동은 5월부터 시작되어 늦은 10월까지 계속됩니다. 이 기간 이들에게 내려진 사명이라면 번식을 위해 땅굴을 파는 것과 그곳에 나비목의 유충을 잡아넣는 일입니다. 또 이들은 사냥감인 애벌레의 몸에 자신의 알을 낳는 일을 잊지 않습니다. 나나니로서는 고단한 노동이겠지만 곤충 관찰자에게는 지극히 흥미로운 현장입니다.

태양만 빛난다면 이 녀석들을 미리 기다릴 필요는 없습니다. 터널 공사는 늘 오전부터 시작합니다. 해가 뜨기 무섭게 노동자는 굴착할 지표면을 서성입니다. 이 현장을 놓치지 않으려면 이들에게서 조금 떨어져야 합니다. 작업에 조금이라도 방해가 된다면 이 민감한 일꾼은 서슴지 않고 다른 곳으로 이사해 버리니까요. 굴착 공사를 빨리 시작했다면 정오에는 사냥을 시작할 수 있습니다. 그러나 더딘 공사라면 다음날까지 연장되기도 합니다. 그리고 근처를 지나다 '지~ 지~ 지~' 소리가 들린다면 굵은 모래알을 뽑아내려고 힘쓰는 중이라 여기면 되지요.

석회암 풍화토를 뒤집어쓰고 터널을 들락거리는 그녀의 모습은 영락없는 광부의 모습입니다. 흙 알갱이는 수고스럽게도 일일이 물어 멀리 내다 버립니다. 돌을 움켜쥐고 헬리콥터마냥 후진하는 비행 모습은 다른 곤충한테서 보기 힘든 진풍경입니다. 한참 터널 공사를 진행해서 알맞은 깊이까지 도달했다싶으면 작은 돌로 입구를 서둘러 막습니다. 그리고 곧 사냥감을 찾아 날아가지요. 이때 관찰자는 가까운 곳에 표를 해두지 않으면 안 됩니다. 시간이 지난 뒤에는 그 장소를 찾으려고 해봐도 도무지 찾을 수 없기 때문입니다. 그렇지만 나나니한테는 그런 수고가 대수롭지 않나 봅니다. 아무런 표도 없는데 그녀는 어김없이 그곳을 찾아냅니다. 뛰어난 기억력에 두손 두발 다 들 지경이랍니다.

나나니의 짝짓기.

헐벗은 땅에서 벌어지는 풍경

사람에게도 잠꾸러기가 있듯이 이들에게도 게으른 노동자가 있곤 합니다. 남들은 벌써 터널 공사를 마치고 사냥에 열중할 때 그제야 터를 찾고자 어슬렁거립니다. 더듬이를 바닥에 대고 억센 턱으로 돌멩이를 들어봅니다. 몇 번이고 공사를 시작하려다가 포기하고 다른 장소를 물색합니다. 이런 그녀를 몇 번쯤 따라다니다 보면 한숨까지 나오곤 합니다. '어휴! 또 저 짓이야!' 하지만 그만큼 중요한 일이 그녀를 기다리고 있기 때문이겠지요. 자손을 남기기 위해 까다롭게 장소를 고르는 일은 그녀의 노동에 비하면 너무나 작은 일입니다. 꼼꼼한 그녀가 장소를 찾느라 시간을 끌자 어느새 그녀 위에 몸이 가느다란 녀석이 나타나 주위를 맴돕니다. 몸이 가냘픈 수컷입니다. 이마에 흰무늬가 있는 수컷은 금방 표가 나지만 날아다닐 때에는 작은 몸집으로 그저 짐작만 할 뿐이죠. 다리를 모아 길게 내뻗고 바닥에 까만 것만 보이면 다짜고짜 달려듭니다. 암컷이라고 짐작되면 곧장 낚아챌 태세지요. 이럴 때 수컷의 눈에는 늑장부리는 암컷이 띄게 마련입니다. 터널 공사를 시작도 못한 암컷은 귀찮게 달라붙는 수컷을 뿌리치지도 못합니다. 공사를 시작할 장소를 고르는 게 그만큼 중요하기 때문입니다. 더구나 목덜미를 문 수컷이 한사코 놓을 생각을 하지 않으니 그렇지요.

저항 한번 못하고 제압당한 암컷은 끊임없는 수컷의 구애 공세를 뿌리치지 못합니다. 이내 조용한 사랑을 나누지만 큰 움직임은 없습니다. 간혹 훼방꾼이 있다면 종종걸음으로 그곳을 벗어나 아늑한 곳으로 옮길 뿐입니다. 몸집이 더 큰 암컷은 조금 더 기어가기도 하고 또 안 되겠다싶으면 나뭇가지에 오르기도 합니다. 짝짓기가 끝나면 완공 못한 터널 공사에 다시 매진합니다. 여름 한복판의 긴 하루도 그녀에게는 너무나 짧기 때문입니다.

사냥감을 찾는 감각

나나니는 사냥꾼이자 침술의 대가랍니다. 입맛에 맞는 사냥감을 찾아내어 앙탈을 부리지 못하도록 단단히 침술로 봉합니다. 그렇다면 이 침술가는 어떻게 사냥감을 찾을까요? 그녀의 침술을 보려면 사냥감을 찾는 그녀의 뒤를 졸졸 쫓아다녀야 합니다. 그녀는 매우 열정적입니다. 풀포기가 있는 땅바닥에 더듬이를 두들겨보기도 하고, 사냥개마냥 이리저리 헤매기도 합니다. 그러면 땅바닥을 두

어리나나니(위)와 왕나나니(아래).

① 나방 애벌레가 바닥을 기어가고 있습니다.

② 나방 애벌레 뒤로 다가가 덥썩 물어버립니다.

③ 배다리가 있는 옆구리에 마취침을 찌릅니다.

나나니의 사냥

④ 마취침을 찌르자 애벌레의 몸이 굳어버립니다.

⑤ 애벌레를 물고 미리 파둔 굴로 돌아옵니다.

⑥ 땅속에 묻어둔 나방 애벌레.

⑦ 애벌레 옆구리에 알을 하나 붙였습니다. 보통 다리가 없는 옆구리에 알을 붙여 놓는데 이 사진에서는 배다리 옆에 알을 붙여놓았습니다.

들기는 이 더듬이가 하는 역할은 뭘까요?

오래전부터 곤충학자들은 벌의 감각기관에 관심을 갖고 있었습니다. 더듬이를 잘라내어 방향감각이 어떻게 달라지는지 실험을 하기도 했습니다. 그러나 나는 그녀의 더듬이를 자르고 싶지 않았습니다. 그냥 뒤따르며 그녀의 행동 하나하나를 보고 싶었지요.

밤나방류 애벌레를 찾아 나선 그녀는 온갖 풀포기를 다 뒤지며 다닙니다. 하지만 나방 애벌레는 밤에 나와 잎을 갉아 먹고 낮이면 흙바닥 아래로 몸을 감춥니다. 나방 애벌레를 찾는 일은 땅에서 쌀알을 찾는 것만큼이나 어려운 일입니다. 식물의 뿌리 근처를 탐색하던 그녀가 뭔가에 흠칫 놀랍니다. 사냥감이 웅크리고 있었기 때문입니다. 그녀의 더듬이가 더욱 바빠집니다. 애벌레도 위험을 눈치채고 줄행랑을 치려고 하지만 호락호락한 그녀가 아니지요. 한데 뒤엉켜 땅을 뒹굴다 한순간 그녀의 침술이 빛을 발합니다. 잘록한 허리는 꽁무니를 자유자재로 움직이기 쉽게 합니다. 배 끝이 사냥감의 배 밑에 잠시 머무는가 싶더니 금세 침을 놓습니다. 그 침술 몇 번으로 이내 모든 것이 잠잠해집니다. 언제 그랬냐는 듯 사냥감은 죽은 듯이 늘어지고, 승리에 도취된 그녀는 사냥감을 어떻게 옮길지 궁리하기 시작합니다.

나는 그녀의 감각기관이 더듬이 마디에 있다는 걸 알 수 있었습니다. 마디에 난 털은 블러드하운드의 코처럼 밤나방류 애벌레가 내뿜는 냄새를 조각조각 분석합니다. 몸을 아무리 잘 숨기고 있는 사냥감이라도 살아 있는 사냥감은 숨을 쉬고 배설을 하기 마련입니다. 동물이 숨을 쉬면 이산화탄소를 만들어 내고 배설물에선 미묘한 냄새를 풍깁니다. 예리한 그녀의 감각기관이 이 혼적을 놓칠 리 없지요.

더부살이 얌체 곤충

나나니가 사냥터로 떠날 때 입구를 작은 돌로 막는 것은 일종의 안전조치입니다. 시작과 끝을 정확히 아는 일꾼이 멋진 집을 만드는 것처럼 이 곤충은 계획한 공사를 벌이고, 직접 사냥에 나섭니다. 그녀는 미래를 예측하기도 합니다. 그녀가 만든 터널을 노리는 얌체들이 있을 것이라 미리 알아차리는 것이지요. 어디든 직접 일하지 않고 더부살이로 빌붙어 살아가는 자들이 있기 마련입니다. 이런 존재는 그녀가 사냥감을 끌고 터널로 돌아오는 모습을 지켜보면 알 수 있습니다.

사냥에 성공한 그녀가 힘겹지만 의기양양한 표정으로 노획물을 끌어안고 걷습니다. 나도 조심스럽게 그 뒤를 쫓았지요. 관찰하기 좋은 길목에서 기다렸다가 사진 몇 장을 담으며 숨죽여 지켜봤습니다. 그러던 내 눈앞에 묘한 광경이 펼쳐졌습니다. 그녀를 쫓고 있는 자가 나 혼자가 아니라는 사실을 안 것이지요. 그것은 기생파리였습니다. 회색에 검은 줄이 있는 쉬파

① 나나니가 터널을 파고 있습니다.
② 사냥을 떠나기 전 구멍 속을 확인합니다.
③ 흙덩이를 물고와 구멍을 임시로 막습니다.
④ 구멍을 감춘 뒤 사냥을 떠났습니다.
⑤ 나나니 구멍 옆에 기생파리가 날아왔습니다.
⑥ 사냥감을 물고 왔습니다.
⑦ 사냥감을 구멍 안으로 끌고 들어갑니다.

리의 일종이었지요. 녀석은 그녀의 뒤를 반 뼘쯤 여유를 두고 따라왔습니다. 그녀가 사냥터에서 터널까지 35미터를 사냥감을 끌고 갈 때까지 나는 기생파리와 함께 바닥을 기어야만 했습니다. 무더운 날씨임에도 파리는 헐떡임 없이 집요하게 따라붙었습니다. 나나니를 추적하는 능력은 나보다 기생파리가 한 수 위였습니다. 나중에 안 사실이지만 뒤따른 파리는 한두 마리가 아니었습니다.

한참을 뒤따른 끝에 나나니가 터널 입구에 닿았습니다. 그녀는 포획물을 옆에 뉘고 덮어 놓았던 뚜껑을 젖혀 터널 속을 확인합니다. 사냥을 나간 동안 있었을지 모를 불순한 침입 흔적을 살피는 것입니다.

근처에서는 기생파리가 터널 옆에 놓인 사냥물을 노리며 때를 기다립니다. 이렇게 긴박한 시간도 또 없을 것입니다. 언제 찾아오게 될지 모르는 한순간의 기회를 놓쳐선 안 됩니다. 녀석의 목적은 한 가지입니다. 나나니가 새로 사냥한 신선한 노획물에 자신의 꼬물거리는 애벌레를 낳는 것입니다. 그렇게 되면 나나니의 수고가 고스란히 기생파리의 차지가 될 테니까요. 하지만 나나니는 남의 아기를 입양할 생각이 추호도 없습니다. 사냥한 대가로 고기를 얻고 아기를 키우려는 마음뿐입니다. 만약 파리가 그 이상을 원한다면 그녀는 몹시 화를 냅니다.

모성애

그녀가 다섯 번 사냥으로 터널을 채웠다면 두 번은 파리가 차지합니다. 쉬파리류는 기생성 곤충으로, 알을 낳

나나니의 집에 기생하는 쉬파리의 일종.

해질녘 나나니가 풀줄기를 입에 문 채 잠들어 있습니다.

지 않고 꼬물거리는 애벌레를 낳는답니다. 나나니의 애벌레가 알에서 깨어나기 전에 먹을 것을 독차지해야 하기 때문인가 봅니다. 파리 애벌레는 그녀의 알이 깨어나기도 전에 알부터 먹어 버립니다. 그리고 그 게걸스러운 먹성으로 나나니의 사냥감마저도 갉아 먹기 시작합니다. 터널 입구를 밀고 나오리라 생각했던 그녀의 자손은 온데간데없고 결국은 도둑놈이 이 세상으로 나오게 되지요. 애써 터널을 파고 사냥을 해놓았지만 수고한 보람은 고작 60%랍니다. 그러나 이마저도 다 성공하는 것은 아니랍니다.

여름날의 일기는 변화무쌍합니다. 찌는 듯한 더위는 적란운을 만들고 장대비를 내립니다. 이제 긴 공사를 막 끝내고 목을 축일 참인데 삽시간에 빗물이 들이닥칩니다. 그녀도 난감해 합니다. 비가 잦아질 즈음 하자보수가 시작되었습니다. 질퍽한 흙을 드러내고 사냥감을 끌어냅니다. 먼저 낳은 알은 빗물에 젖어 가망이 없습니다. 그녀는 과감히 젖은 알을 떼고 사냥감을 말린 뒤 재차 알을 낳습니다. 물론 터널 속에 조심스럽게 넣는 것을 잊지 않습니다. 누가 이들의 보살핌을 가치 없다 말할까요? 나는 이런 경우를 세 번 보았습니다. 그때마다 모성 본능은 포유류의 전유물이 아님을 느낄 수 있었답니다.

　야외에서 동료들은 내 시력을 부러워합니다. 그러나 열 살 때 시력을 잃을 뻔했다는 것을 누가 알까요? 걱정하시던 부모님의 마음. 생각만 하면 뭉클합니다. 하마터면 아름다운 자연을 느끼지 못할 뻔 했으니까요. 타고난 감각을 잘 사용하면 놀랄 만큼 뛰어나게 발전할 수 있지요. 여러분의 재능도 그렇답니다. 그림을 그리고 글을 쓰고, 손으로 만져보고 냄새 맡는, 많은 경험을 해보시기 바랍니다.

　이제 눈앞에는 땅거미 지는 풀밭에서 나나니 다섯 마리가 하루의 노동을 끝내고 잠을 청합니다. 키릴문자처럼 마른 풀에 몸을 고정하고 아침 햇살이 그들을 깨울 때까지 잠을 청합니다. 날이 밝으면 그들은 애벌레를 찾아 사냥을 하고 터널 속에 신선한 사냥감을 묻어두고는 자신의 알을 또 낳을 것입니다. 그리고 이처럼 뛰어난 감각을 지닌 사냥꾼들이 다시 태어나 그들이 지닌 기술을 이용해 오래도록 번성할 것입니다.

6

철퇴를 돌려라!
여섯뿔가시거미

Ordgarius sexspinosus

- 학 명 : 여섯뿔가시거미 (*Ordgarius sexspinosus*)
- 과 명 : 거미목 왕거미과
- 어른벌레 관찰 시기 : 8월 ~ 9월
- 겨울나기 : 알

배 윗부분에 작은 돌기 여섯 개가 있어서 여섯뿔가시거미라는 이름을 얻었습니다. 우리나라 전역에 있을 것으로 추정하고 있으나 발견된 개체는 많지 않습니다. 이 책에서 자세한 생태가 처음 공개되는 거미입니다. 평상시 거미줄을 치지 않고 끈적이는 거미줄 방울을 만들어 철퇴처럼 돌리며 사냥을 합니다.

여섯뿔가시거미가 끈끈이 방울을 만들어 사냥 채비를 했습니다. 다리로 이 철퇴를 돌려 나방을 사냥합니다.

신화 속의 아라크네

그리스 신화에는 거미에 얽힌 슬픈 사연이 있습니다. 거미가 된 아라크네의 이야기랍니다. 리디아의 염색 명인 이드몬의 딸로 태어난 아라크네는 베 짜는 솜씨가 뛰어났습니다. 아테나 여신은 오만방자한 아라크네를 벌주려고 베 짜기 시합을 벌입니다. 시합에서 아라크네는 신을 조롱하는 내용의 자수를 놓습니다. 이에 분개한 아테나 여신은 아라크네의 천을 찢고 수치와 모욕감을 주었습니다. 이 충격으로 아라크네는 목을 매고 자결하지만 아테나 여신은 신을 모독한 본보기로 영원히 실에 매단 채 있게 했습니다. 그때부터 아라크네는 몸뚱이로부터 실을 뽑아 평생 베를 짜며 살아가는 거미가 되었답니다.

우리 주변에는 많은 거미가 있습니다. 왕거미를 비롯하여 깡충거미, 무당거미 등 종류만도 640여 종에 이를 정도로 많습니다. 그러나 일부 배회성 거미를 제외한 대부분의 거미는 신의 노여움을 산 아라크네처럼 일생동안 거미줄을 칩니다. 사냥감이 지날 만한 길목에 끈끈한 거미줄을 쳐 놓고 걸려들기를 기다리지요. 며칠을 굶을 수도 있지만 많은 거미들이 이런 수동적인 사냥법으로 살아갑니다. 이런 거미들은 기다림을 숙명으로 받아들이고 있는 듯 보입니다. 그러나 이 사냥꾼만은 다르답니다. 얼마나 적극적인지 과감하다 못해 경이롭기까지 합니다. 곤충은 아니지만 숲 속의 사냥꾼으로 여섯뿔가시거미를 소개하려고 합니다. 이 녀석의 이야기를 알고 난다면 사람들이 거미에 대해 가지고 있는 생각을 바꾸게 될지도 모르겠습

깡충거미류(위)와 무당거미(아래).

나뭇잎에 걸쳐 놓은 거미줄에 매달린 채 다리 한쪽 끝으로 철퇴를 잡고 사냥할 준비를 하고 있습니다.

니다. 녀석은 거미줄을 쳐 놓고 마냥 기다리는 거미가 아닙니다. 거미줄을 들고 채찍처럼 휘두르며 사냥을 하는 역동파 거미랍니다.

거미와 곤충의 차이점

거미는 엄밀히 말하자면 곤충이 아닙니다. 구조상 곤충과 비슷하지만 지네, 전갈과 같은 절지동물에 속합니다. 곤충은 곤충강, 거미는 거미강, 게나 쥐며느리는 갑각강에 해당하지요. 몸의 구조, 다리의 수, 호흡기, 눈, 더듬이, 입 구조도 다릅니다. 곤충하고 다른 거미만의 특징을 꼽자면, 곤충에게는 더듬이가 있는데 거미는 입 양쪽 옆에 더듬이다리가 더듬이를 대신해 자리잡고 있습니다. 이것은 손의 역할도 하지만 수컷은 성숙기의 마지막 허물벗기에서 권투장갑 모양의 짝짓기 기관으로 변합니다. 실을 토하는 방식도 다르답니다. 곤충의 애벌레는 입을 통해 실을 뽑지만 거미는 배 끝 부분에 있는 세 쌍의 거미줄돌기에서 공기와 접촉시켜 실을 뽑고, 네 번째 다리로 엮어 거미줄을 완성합니다.

곤충과 거미의 다른 점

		몸	다리	눈		더듬이	날개
곤충	머리	3부분	3쌍	겹눈	1쌍	1쌍	1쌍, 2쌍
	가슴			홑눈	3개		
	배						
거미	(머리+가슴)	2부분	4쌍	홑눈	1개	없음	없음
					2개		
					4개		
	배				6개		
					8개		
					없음		

볼라(Bola)를 사용하는 거미

거미목의 이들을 '볼라스 거미(Bolas spider)'라 합니다. 볼라(bola)는 스페인어로 공(ball)이란 뜻입니다. 남미 원주민이 끈 양쪽 끝에 묵직한 돌을 달아 던져 사냥하는 것과 흡사해서 이렇게 이름을 붙인 것이지요. 놈은 외가닥 줄 끝에 끈적이는 방울을 달아 카우보이마냥 휘휘 휘두릅니다. 저글링 같기도 하고 요요를 가지고 있는 것처럼 보이기도 합니다. 그러나 저글링이나 요요는 사냥 도구가 아니라 놀이 기구라 할 수 있지요. 녀석은 놀이가 아니라 생존을 위해 이런 도구를 사용한답니다.

한반도 볼라스거미의 우리말 이름은 여섯뿔가시거미입니다. 몸에 돋은 여섯 개의 돌기 때문에 이런 이름을 얻었지요. 녀석들은 낮에 이파리 아래에 붙어 꼼짝달싹도 않습니다. 모습이 마치 새들이 누고 간 거무튀튀한 똥처럼 생겼습니다. 친척인 새똥거미도 비슷합니다. 새똥거미의 생김새가 갓 배설한 말랑한 노란 똥이라면 가시거미와 여섯뿔가시거미는 말라붙은 새똥처럼 생겼습니다. 이 비위생적으로 보이는 녀석은 철저한 야행성입니다. 그래서 사냥을 꼭 밤에만 한답니다. 어두워져서야 어슬렁거리며 움직이기 시작하지요. 몇 번이고 녀석의 사냥을 관찰하리라 다짐했지만 혼자 산길을 걷는 게 쉽지 않았지요. 그러나 낮에 놈을 만날 때마다 기록했습니다. 언제 어디서 만났는지 그리고 알집은 언제 봤는지 메모해 두었답니다. 과학은 꼼꼼한 기록과 관찰에서 시작되니까요.

깔끔한 성격

여섯뿔가시거미(위)와 큰새똥거미(아래)

왕거미과(科) 거미는 방사형 거미줄을 만듭니다. 해가 저물 무렵 슬금슬금 기어 나와 사냥을 위한 덫을 엮습니다. 여섯뿔가시거미도 실을 뽑아 거미줄을 만들지만 초저녁에만 거미줄을 만들고 새벽이 될 무렵에는 걷습니다. 그러니 낮에는 거미줄을 전혀 볼 수 없습니다. 또 다른 특징이라면 완성된 거미줄의 모양입니다. 방사형 거미줄이 아니라 한쪽 끝에 방울이 달린 줄 하나가 고작입니다. 처음에는 짧은 줄을 두어 개 겹쳐놓고 그 끝마디에는 방울을 매답니다. 방울은 거미줄을 뭉쳐 만든 끈적이는 젤입니다. 놈은 끄트머리에 2.5밀리미터의 방울이 달린 거미줄을 앞다리를 손 삼아 잡고 빙글빙글 돌립니다. 카우보이들이 밧줄을 동그랗게 고리로 만들어 달아나는 소를 잡는 것과 비슷합니다. 어찌 보면 원심력을 이해하고 있는 물리학자처럼 보이기도 합니다. 비행하는 곤충이 있다면 끈적이는 방울에 달라붙게 해서 잡아먹으려는 심산입니다.

여섯뿔가시거미의 사냥 무기. 거미줄과 끈적이는 젤을 뭉쳐서 철퇴를 만듭니다.

이 사냥법은 힘이 들지만 매우 효과적입니다. 짧은 시간에 결과물이 금세 나타나니까요. 다른 거미들처럼 사냥감을 마냥 기다리는 게 아니라 직접 철퇴를 던져 잡으니 더 효과가 좋은 사냥법이라 할 수 있지요.

이른 아침에 나가보면 이슬방울이 맺힌 거미줄을 볼 수 있습니다. 그런데 놈의 거미줄은 아침이면 사라지고 없습니다. 새벽이 오는 기미가 보이면 녀석은 후다닥 거미줄을 걷어버렸습니다. 왜 그럴까요? 참 알쏭달쏭한 일입니다. 쳐 놓은 거미줄을 걷지 않은 채 그대로 두었다가 저녁에 다시 쓰게 되면 거미줄을 다시 만드는 수고를 덜 텐데 말이죠. 이런 의문점은 여섯뿔가시거미를 한동안 관찰하고 난 후에야 이해할 수 있었습니다. 녀석이 사용한 거미줄은 낮에는 아무짝에도 쓸모없습니다. 왕거미들의 거미줄에는 낮에 날아다니는 곤충들이 걸려들기도 하지만 이 녀석의 사냥 도구로는 낮에 사냥을 할 수 없기 때문입니다. 더구나 낮에 남아 있는 거미줄 때문에 거미를 사냥하는 대모벌에게 자신이 있는 위치를 가르쳐주는 꼴이 될지도 모르기 때문에 걷어버리는 편이 나았겠지요. 그렇다고 그냥 버리기엔 아까운 도구입니다. 그러니 녀석들은 사냥이 끝나고 새벽이 올 무렵 사냥 도구인 거미줄을 깨끗이 먹어 버립니다. 먹어 뒀다가 밤에 재활용을 하는 셈이지요. 환경을 위해 재활용하는 아이디어도 사람들보다 이 녀석들이 몇 억 년 앞서 있네요.

진동에 민감한 촉각

신은 왜 녀석에게 매와 같은 날카로운 시력을 주지 않았을까요? 시각장애인처럼 행동하는 거미의 모습을 보면 답답한 마음이 들기도 합니다. 그러나 이것은 큰 오산입니다. 여섯뿔가시거미의 행동을 한번이라도 본 사람이라면 이것을 결점이라 하지 않을 것입니다. 녀석들은 별 필요 없는 시력에 투자하지 않고 대신에 공기 진동을 잘 느낄 수 있도록 능력을 키웠습니다. 거미의 몸 거죽은 곤충처럼 키틴질의 외골격을 가지고 있지만 거기에 무수한 털과 비늘을 포함한 여러 부속물을 갖추고 있습니다. 다리 발끝마디의 신경은 맛과 냄새를 맡습니다. 거기에 거미줄의 세기를 조절하는 매우 민감하게 발달한 곳입니다.

어둠이 짙어지자 여섯뿔가시거미는 이파리 주변에 거미줄을 엮기 시작했습니다. 지지대가 튼튼해야 사냥도 잘 된다는 것을 일찌감치 안 것입니다. 다음의 일은 이파리 끝 부분에 매달려 굵은 거미줄을 2센티미터 만드는 것입니다. 이 거미줄 끝자락에 방울 모양의 끈적이는 거미줄

거미를 사냥해 새끼의 먹이로 삼는 대모벌.

철퇴 끝에 끈적이는 방울을 만들고 있는 모습입니다.
끈적이 방울을 여러 개 뭉쳐 놓기도 합니다.

을 매답니다. 이 방울은 끈끈한 거미줄이 뭉친 것입니다. 이번에는 좀 더 긴 3센티미터의 거미줄을 만들고 끝에 끈적이는 방울을 매달고 먼저의 줄과 겹칩니다. 이런 식으로 매달린 방울이 1~4개까지 됩니다. 볼링 선수들이 좋아하는 무게의 볼을 고르듯 이들도 스스로 알맞은 방울 수를 정합니다.

사냥 도구가 만들어지면 이젠 한쪽 앞발에 사냥 도구를 붙잡고 지지대에 몸을 맡깁니다. 그리고는 키틴질의 몸거죽에 돋아난 털에 온 신경을 집중합니다. 혹시라도 놓칠지 모르는 작은 움직임을 감지하려는 의도입니다. 놀랍게도 녀석의 몸에 난 털은 그 움직임을 잘 감지합니다. 근처에 뭔가가 날아온다고 느껴지면 녀석은 앞발로 사냥 도구를 휙휙 돌리고 있으니까요. 녀석의 몸에 난 뛰어난 감

거미 다리의 끝 발톱 부분. 거미 다리에는 발톱이 두 개 있는데 이 발톱으로 거미줄을 잡고 있습니다.

각기관이 없었다면 녀석들은 사냥을 위해 밤새도록 사냥 도구를 미친 듯이 휘둘러야만 했을 것입니다. 그러나 뛰어난 감각 덕분에 이런 체력 소모를 줄일 수 있었겠지요.

강철보다 강한 거미줄

거미와 곤충은 실을 만들 줄 압니다. 나비목의 애벌레는 누에처럼 실을 토합니다. 비단으로 잘 알려진 것이 이들이 토해낸 실을 엮어 베로 짠 것이지요. 이들은 실을 두 가닥 꼬아 만듭니다. 실을 꼬아 놓으면 훨씬 더 강해진다는 것을 녀석들은 알고 있었으니까요. 메뚜기목의 곤충인 어리여치나 민어리여치도 실을 토해냅니다. 한낮의 눈부심을 피해 잎을 엮어 그 안에 숨어 있기 위해서 실을 토한답니다. 그러나 이들 실이 거미줄 만할까요? 강철보다 다섯 배나 강하고 방탄복에 사용하는 케블러보다도 단단한 것이 거미줄이랍니다.

거미줄은 단단하고 탄력이 있는 특성을 갖게 하는 두 단백질 분자가 교묘하게 얽혀 있는 천연 고분자입니다. 성분이라곤 두 종류의 단백질과 5~6% 수분이 고작입니다. 1998년 덴마크의 한 대학 연구팀은 거미가 거미줄을 만드는 방법이 레이온이나 나일론을 제조하는 과정과 비슷하다는 것을 밝혀냈습니다. 거미의 몸통이 살아 있는 나일론 반응기와 같다는 것입니다. 이것은 거미가 1930년대 미국의 뒤퐁사가 개발한 나일론보다 수억 년 앞서 실 뽑는 방법을 발명했다는 증거이기도 합니다.

유리산누에나방 애벌레 고치를 짓고 있는 모습(위).
실을 토해 집을 엮는 민어리여치(아래).

여섯뿔가시거미의 사냥터. 사냥터는 나뭇잎에 거미줄을 엮어서 만듭니다.

나방을 유인하는 거미줄 방울

낮 동안에 여섯뿔가시거미는 웅크리고만 있습니다. 꼼짝도 않고 석양이 물들 때만 기다립니다. 이윽고 때가 되면 엉기적거리기 시작합니다. 곤충들이 지나갈 만한 길목을 선점합니다. 그리고는 부지런히 사냥을 준비하지요. 실제로 이들이 사냥을 할 시기에는 관목 사이로 많은 나방이 오고 갑니다. 알을 낳기 위해 식물을 찾기도 하고 또 암컷을 찾으려고 서성이기도 했습니다.

자정이 지나 왕래하는 나방 수가 점점 줄었습니다. 밤 기온은 떨어지고 풀잎에는 이슬이 맺혔습니다. 밤이 깊을수록 나방 암컷이 발산하는 페로몬 향은 더욱 옅어졌지요. 이제 놈도 지쳤는지 매달린 채로 잠자코 있기만 했습니다. 갑자기 내 머릿속에서 장난기가 발동하기 시작했습니다. 실에 작은 나방을 잡아 매달고 녀석을 놀리려는 것입니다. 실에 매달려 퍼덕이

실에 매단 나방이 가까이 다가오자 여섯뿔가시거미가
거미줄 방울을 돌리고 있습니다.

는 나방은 공기 중에 금세 날개 가루를 흩뿌렸습니다. 공기 입자는 곧 인근 입자를 두드리고 거미의 감각 털을 자극했습니다. 따분해하던 놈도 정신을 차렸는지 이번에는 더욱 세차게 거미줄을 돌립니다. 이 장면은 정월 대보름에 쥐불놀이를 하던 모습과 꼭 같습니다. 빙빙 도는 거미줄에 운 나쁜 나방이 걸려들기만 바랄 뿐입니다.

그런데 녀석의 철퇴가 아무리 강력한 힘을 발휘한다고 해도, 그리고 뛰어난 감각기관을 가지고 있다 해도 녀석이 사냥을 할 수 있는 반경은 고작 한 뼘이 채 되지 않습니다. 그 반경 안에 나방이 날아와야만 사냥에 성공할 수 있습니다. 드넓은 공간에서 녀석이 사냥할 수 있는 반경 안에 사냥감이 저절로 들어올 확률은 얼마나 될까요? 한없이 기다리다 보면 우연히 먹이가 걸려들까요? 이런 우연에 기대어 이제껏 살아남는 게 가능했을까요? 왕거미가 짓는 거미줄에 비하면 이들이 사냥을 위해 차지하고 있는 공간은 형편없이 작습니다. 더구나 낮에는 사냥을 하지도 않습니다. 밤낮으로 거미줄을 쳐 놓고 사냥감을 기다리는 호랑거미나 왕거미에 비해 이것은 터무니없이 낮은 확률의 사냥법입니다. 이들은 이 문제를 어떻게 극복했을까요? 녀석들을 관찰하면 할수록 궁금한 점이 오히려 늘어만 갑니다.

녀석들의 거미줄에는 나방 암컷이 수컷을 부르기 위해 내뿜는 페로몬 향이 들어 있다고 합니다. 이 페로몬으로 나방 수컷을 사냥 반경 안으로 유인하는 것이지요.

날이면 날마다 사냥감이 걸려드는 것은 아닙니다. 그렇다고 잡히지 않을 거라 일찌감치 포기하지도 않습니다. 날마다 성공할 것이라는 신념으로 팔매질을 해야 한답니다. 성실히 힘쓰고 노력한다면 좋은 일은 반드시 따르는 법이랍니다. 이윽고 나방 한 마리가 이리저리 뭔가를 찾으며 접근했습니다. 암컷을 찾는지 이따금 정지비행에 앞뒤로 왕복비행을 합니다. 나방에게는 일생 중 가장 귀중한 시간일 것입니다. 이성을 만나 짝짓는 시기는 모든 생명체들에게 가장 중요한 시기일 테니까요. 오가는 길손이 많은 곳이 장사가 잘되는 법이지요.

나방이 가까이 다가올수록 거미줄이 돌아가는 속도가 빨라집니다. 혹시라도 나방이 거미줄을 지나치지 않도록 여섯뿔가시거미가 힘껏 돌리기 때문입니다. 그러나 항상 성공하지는 못합니다. 어떤 때는 사정거리를 비켜가기도 했습니다. 사정권에 들어오기라도 하면 회전이 붙은 거미줄 방울이 사정없이 나방을 휘감아 버렸습니다. 날개를 가진 나방이지만 한번 날개자락이 거미줄에 묶이면 꼼짝달싹 못합니다. 상황이 이렇게 되면 놈은 줄을 당기며 미소짓습니다. 허기진 배를 채우기 위해 재빨리 두개의 엄

나방을 사냥한 여섯뿔가시거미.

여섯뿔가시거미 | 115

① 여섯뿔가시거미와 알집. 여섯뿔가시거미는 자신의 사냥터에 동그란 공 모양의 알집을 매달아 놓습니다.
② 큰새똥거미의 알집. 큰새똥거미는 조롱박 모양의 알집을 거미줄에 매달아 놓습니다.
③ 큰새똥거미가 거미줄을 뽑아 알집을 만들고 있습니다. 처음 흰색이었던 알집은 햇볕을 받으면 누런색으로 변합니다.
④ 게거미류가 알집을 지키는 모습입니다.
⑤ 닷거미류의 짝짓기.
⑥ 꼬리거미가 알집을 지키고 있습니다.

니를 박아 마비시킨 다음 소화액으로 용해시켜 천천히 빨아먹습니다. 이런 일은 자주 일어나지는 않는 듯 보입니다. 대략 3~7일에 한 번 꼴로 사냥에 성공합니다. 어쩌다 비가 오는 밤이면 놈들도 짜증을 냅니다. 달갑지 않은 경우니까요. 페로몬으로 사냥감을 유인하기도 어려운 데다 폭우 속에 낚시를 드리우는 꼴이니까요.

내년을 기약하는 알집

8월이 되자 주위에 작은 수컷이 나타났습니다. 사랑의 계절이 된 것입니다. 그러나 수컷의 조심성은 여느 거미와 같았습니다. 죽음과 사랑 사이에서 고민해야 할 판이지요. 암컷이 수컷을 먹이로 생각한다면 꼼짝없이 죽게 될 테니까요. 이런 사랑도 잠깐, 암컷은 알을 위한 사냥을 서둘렀습니다. 볼라 축제의 시간이 된 것이죠. 나방을 포획하려는 돌팔매의 계절이 된 것입니다.

9월 중순이 되자 밤 기온은 차가워졌습니다. 날아다니는 나방도 줄어들고 놈들의 활동도 무뎠습니다. 추위를 타는 것이 분명했지요. 내 관찰 횟수도 줄었습니다. 이제부터는 산고의 계절이기 때문에 차근차근 살펴보아도 충분했으니까요. 그러던 어느 날 밤이었답니다. 미리 발견해둔 놈들의 거처를 둘러봤습니다. 열 군데를 봐뒀는데 네 군데의 거미가 사라졌습니다. 네 군데는 알주머니를 매달기 시작했고 두 군데는 사냥을 못했는지 우두커니 매달려 있습니다. 대부분의 알주머니는 1~3개였습니다. 많은 경우라야 고작 네 개 정도였답니다. 나중에 안 사실이지만 그것도 나뭇잎이 알주머니를 가리고 있는 경우라야 남아 있었습니다. 그렇지 않으면 새들의 먹이가 되어버렸지요.

이제 해가 지나 봄이 오기를 기다립니다. 5월 봄바람을 타고 흩날릴 어린 거미들의 활공을 기대합니다. 조지만 당찬 놈의 솜씨를 다시 보고 싶습

여섯뿔가시거미의 옆으로
나방이 날아왔습니다.

니다. 그러나 올 겨울이 자못 걱정됩니다. 영하 10도 아래로 떨어진 추운 날씨가 십여 일이 넘도록 지속된 겨울. 이러다간 여름날에 이들의 모습이 영영 사라질 것만 같습니다. 그러나 또다시 그때가 되면 이런 문구가 나돌 것은 분명합니다. '볼라 축제에 여러분을 초대합니다.' 슬픈 주인공이기보다는 활기찬 아라크네가 늘 보기 좋았으니까요.

7

모래밭의 폭군
황대모벌

Cryptocheilus flaves

- 학 명 : 황대모벌 (*Cryptocheilus flaves*)
- 과 명 : 벌목 대모벌과
- 어른벌레 관찰 시기 : 7월 ~ 9월
- 겨울나기 : 번데기

긴호랑거미나 왕거미 등을 사냥해 새끼의 먹이로 삼는 벌입니다. 모래밭에 터널을 파고 거미를 묻는데, 땅을 다지는 모습이 방아를 찧는 모습을 연상케 합니다. 7월에서 8월에 어른벌레가 나타나고 뜨거운 태양빛이 있을 때 사냥을 합니다.

황대모벌이 긴호랑거미를 사냥해 터널 근처에 놓아두었습니다.

모의 곤충법정

뜨거운 8월의 여름입니다. 바닷가 사구의 한 귀퉁이 모래밭에서 황대모벌 한 마리가 짐을 나르느라 부산을 떱니다. 한참 왜코벌의 행동을 관찰하느라 다른 곳에 눈길을 줄 여유가 없던 때였지만 그녀의 불긋한 색상은 시선을 끌기에 충분합니다. 생김새나 색상이 아주 섬뜩해 보입니다. 한번 시선이 가니 그녀의 힘든 노동에 의문이 가기 시작했습니다. 가만히 있어도 땀이 솟는 8월 한낮에 왜 그런 노동을 하는지 도무지 이해가 되지 않았지요. 그래서 몰래 다가가 엿보기로 했습니다. 그런데 이게 웬일입니까! 황대모벌이 나르고 있는 짐은 거미였습니다. 그녀는 거미 살해자였던 것입니다. 이럴 땐 곤충 관찰자가 어떻게 해야 할까요? 경찰을 불러야 하나요? 미란다 원칙을 알리고 곧바로 긴급 체포해야 하나요?

- 피의자는 묵비권을 행사할 수 있다.
- 피의자의 모든 발언이 법정에서 불리하게 작용할 수 있으며
- 피의자는 변호인을 선임할 권리가 있다.

 황대모벌을 곤충 법정에 세우고 잘잘못을 따져보기로 했습니다. 그녀는 긴호랑거미 살해자로 긴급 체포되어 곤충 법정에 섰습니다. 피의자는 황대모벌입니다. 판사가 가운데 단상에 앉아 있는 앞에서 담당 검사가 의기양양하게 죄를 나열하기 시작했습니다. 죄목은 '동족 살해, 사체유기, 불법 의료행위' 등입니다.

검찰 : 황대모벌은 아무런 죄도 없는 긴호랑거미를 살해한 혐의로 이 법정에 섰습니다. 살해 도구로 몸속에 품고 있는 독침을 사용하였고, 사체를 유기할 목적으로 교묘하게 땅속에 파묻었습니다. 더구나 살해 도구를 몸속에 항상 품고 다니는 흉악한 범죄자입니다. 피의자를 동족 살해 및 사체 유기, 불법 의료행위 등의 혐의로 기소합니다.

판사 : 변호인 측 변론하세요.

변호인 : 네. 먼저 황대모벌은 긴호랑거디를 살해한 것이 아닙니다. 거미가 행동을 못하도록 신경절에 주사를 놓아 마취를 시킨 것뿐입니다. 엄밀히 따져 살해자는 아닙니다. 불법 의료행위에 대한 처벌을 내린다면 달게 받겠지만 동족 살해 죄목은 당치도 않습니다. 허가 없이 마취 주사를 사용해 불법 의료행위를 한 것도 자식을 키우기 위해 어쩔 수 없이 한 행동이므로 관대한 처분을 내려주십시오. 더구나 거미는 곤충과 비슷하지만 곤충에 속하지 않는 다른 부류의 생물이므로 황대모벌이 동족을 살해했다는 죄목으로 본 법정에 피의자로 있는 것은 부당합니다. 현장을 목격한 곤충 관찰자를 증인으로 신청합니다.

판사 : 곤충 관찰자를 증인으로 신청한 변호인 측의 신청을 받아들이겠습니다. 변호인 증인 심문하십시오.

거미를 모래 터널에 묻은 후 마무리 작업을 하고 있습니다.

변호인 : 증인! 증인은 황대모벌이 긴호랑거미에게 마취 주사를 놓는 장면을 목격한 것이 맞습니까?

증인 : 네. 맞습니다. 모래 바닥에 앉아 있는 긴호랑거미에게 마취 주사를 놓았습니다.

변호인 : 그렇다면 긴호랑거미가 마취 주사를 맞고 죽었나요?

증인 : 몸이 굳어 꼼짝달싹하지 못하고는 있었지만 죽은 것은 아니었습니다.

변호인 : 그렇다면 이상한 일이군요. 잡아먹을 거였다면 바로 죽이지 않고 왜 마취 주사를 놓은 걸까요?

증인 : 황대모벌 성충은 육식을 하지 않습니다. 잡아먹기 위해 거미를 사냥한 것이 아닙니다. 새끼를 키울 심산으로 사냥을 한 것입니다. 땅굴을 파고 거미를 묻은 이유도 그것입니다. 이 벌한테는 갈증을 달랠 꿀물이 조금 필요할 뿐입니다. 그래서 꽃을 찾아 목을 축입니다. 노동이 끝나가는 오후 다섯 시쯤 황대모벌이 무얼 하는지 한번 보시면 알 수 있습니다.

사냥해 온 긴호랑거미를 터널을 완성할 때까지 근처 풀잎 위에 올려놓습니다.

거미 사냥꾼

내 조카들 중에 거미를 좋아하던 아이는 영준이 뿐입니다. 한때는 거미 이름을 줄줄 꿰며 탐닉하던 때가 있었지요. 이제는 좀 시들해졌지만 언제 그 불꽃이 또다시 타오를지 모르겠습니다. 시간이 지나면 어린 시절의 추억을 그리워하기 마련이니까요.

이런 영준이가 황대모벌을 봤다면 어땠을까요? 당장에라도 파리채를 들고 달려왔을 겁니다. 대부분 사람들이 거미를 징그럽다고 여기지만 영준이의 눈에는 검붉은 황대모벌이 더 끔찍하게 보였을 테니까요. 그런데 거미들이 곤충보다 먹이사슬의 위에 있는 줄 알았는데 어쩌다 사냥감이 되었을까요?

거미는 조카 영준이처럼 조용한 사냥꾼입니다. 잠복의 명수, 기다림의 대가이자 그들의 장기인 끈끈이 덫의 창시자이기도 합니다. 긴호랑거미는 거미줄로 덫을 만드는 남방계 거미로 위험을 느끼면 거미줄을 위아래로 마구 흔들어댑니다. 자신의 무기인 거미줄을 자랑삼아 내세우는 것처럼 보이기도 합니다. 이런 거미줄은 지나던 곤충에게는 두려움의 대상이지요. 끈적이는 방사형 거미줄은 죽음의 덫이니까요. 그런데 곤충들에게 공포의 대상이던 이 거미에게도 단 하나 두려운 존재가 있습니다. 아이러니하게도 그것은 곤충인 대모벌이랍니다. 대모벌류는 거미를 사냥하는 녀석들이거든요.

긴호랑거미는 낮은 풀이 있는 곳에서는 어디나 있지만

대모벌은 거미를 사냥해 새끼의 먹이로 삼는 벌입니다.

바닷가 사구에 사는 긴호랑거미.

바닷가 풀밭에는 특히 더 많습니다. 한번은 서식밀도 조사에서 50센티미터 간격마다 녀석이 있었던 적도 있습니다. 그러니 이 거미를 사냥하는 황대모벌도 바닷가가 훨씬 좋았겠지요. 긴호랑거미를 사냥하는 붉은 빛깔의 황대모벌은 거미줄의 위험성을 잘 압니다. 끈적이는 부분이 어디에 있는지, 긴호랑거미가 위협을 느끼면 어디로 숨는지도 꿰뚫고 있습니다.

거미 사냥

8월의 해안 사구는 그야말로 긴호랑거미와 황대모벌 천국입니다. 하지만 막상 찾으려고 하면 벌은 보이지 않고 긴호랑거미만 보일 뿐입니다. 그래도 너무 걱정할 필요는 없습니다. 흐리거나 비만 내리지 않는다면 가능성은 더욱 높아집니다. 땡볕을 즐기는 사나운 이 붉은 벌은 커다란 덩치

터널이 완성된 후 사냥감을
터널로 끌어가고 있습니다.

때문에 금방 눈에 띄니까요.

먼저 그녀를 관찰하려면 모래 언덕을 기웃거리면 됩니다. 뜨겁게 달궈진 모래밭에는 토목공사에 열중하고 있거나 무거운 짐을 나르는 아낙네들이 꼭 있답니다. 두 번째는 긴호랑거미가 있는 곳을 서성이면 됩니다. 모래 구덩이를 파기에 알맞은 날씨. 사나운 벌이 이런 날을 놓칠 리가 없지요. 더구나 구덩이에 넣을 거미도 사냥해야 하니까요. 곤충을 관찰하는 데 필요한 것은 뭐니 뭐니 해도 세심한 관찰력과 인내랍니다.

황대모벌은 토목공사를 벌이기 전에 긴호랑거미 사냥부터 시작합니다. 이것이 사냥하는 여느 벌과 다른 점입니다. 사냥감을 장만해 놓고 토목공사를 벌이면 대부분 약탈자들이 들끓는데 녀석은 개의치 않습니다. 그만큼 땅 구덩이 파기에 자신 있다는 말이겠지요. 실제로 그렇습니다. 땅을 고르는 시간을 합쳐 30분이면 터널 하나를 완성합니다. 그렇지만 갑자기 소나기가 오거나 지나가는 사람들이 방해를 하면 금방 공사를 중단해버립니다. 붉은 날개를 연거푸 펄럭거리며 씩씩거립니다. 이 벌의 화난 표정이 랍니다.

이제 황대모벌의 사냥 장면을 살펴볼까요? 사냥을 나선 이 아낙네는 긴호랑거미가 많은 낮은 풀밭을 어슬렁거립니다. 그렇지만 거미줄을 발견하고도 아무 일 없다는 듯이 딴청을 피웁니다. 풀줄기에 올라가서 보기도 하고 또 바닥을 기면서 서성이기도 합니다. 이럴 때면 놈의 머릿속을 한번 보고 싶어집니다.

거미 사냥꾼은 풀줄기에 걸터앉아 몸을 다듬는가 싶더니 별안간 거미를 덮칩니다. 물론 끈적이는 덫을 미리 알아두었는지 교묘하게 피하며 공격합니다. 잠자코 먹잇감을 기다리던 긴호랑거미는 황대모벌의 날갯짓에 깜짝 놀랍니다. 일반적으로 거미는 320헤르츠 내외의 진동에 매우 예민한 반응을 보인다고 합니다. 먹잇감이 접근하는 소리죠. 그러나 황대모벌의 날갯짓은 이보다 훨씬 높기 때문에 기겁하고 거미줄에서 뛰어내립니다. 머리를 땅바닥에 대고 꽁무니에 거미줄을 매단 채 물구나무서기를 하고 있지요. 긴호랑거미의 이런 다급한 모습은 매한테 쫓긴 꿩병아리가 풀숲에 머리를 처박은 모습과도 비슷합니다. 사태가 이쯤 되면 황대모벌은 호버링으로 거미를 툭툭 치듯 낚아채려 합니다. 날개를 부풀려 세워 펄럭이며 위협적인 행동을 하며 실랑이를 벌입니다. 그러다 허점이라도 발견하면 번개 같이 발버둥치는 거미를 꽉 붙잡습니다.

바꿔치기

거미의 죽음은 작고 뾰족한 마취 바늘로부터 시작됩니다. 거미를 꽉 움켜 쥔 그녀는 숨겨두었던 주삿바늘로 상대의 가슴팍을 꾹 찌릅니다. 이것으로 거미와 벌이던 실랑이가 끝나버리지요. 거미는 깊은 잠에 취한 듯 늘어져 발가락 하나도 움직일 수 없습니다. 이제 벌은 축 쳐진 거미를 움켜

황대모벌 어른벌레의 주식은 꽃꿀입니다.

잡고 낮은 풀줄기에 걸쳐 놓습니다. 행여나 기생파리나 개미들이 볼세라 나뭇가지 사이에 꼭꼭 숨깁니다. 그리고는 미리 봐둔 모래땅으로 날아가 토목공사를 시작합니다.

모래땅에 구덩이를 파는 일은 그리 어려운 일이 아닌 듯 보입니다. 모래땅의 마른 표면부터 물기를 머금고 있는 축축한 곳까지 파들어 가자면 20여 분 정도 걸린답니다. 파낸 모래는 한곳에 쌓아두고 구덩이가 무너지지 않도록 조심조심 움직이지요. 터널이 완성됐다싶으면 노획물을 감춰둔 곳으로 날아가 조심스레 끌고 되돌아옵니다. 이럴 때면 나는 호기심이 발동합니다. 궁금한 것이 생겼거든요. 황대모벌이 긴호랑거미에게 주삿바늘을 찌르는 모습은 워낙 순식간에 벌어지는 일이라 어디에 침을 찌르는지 알 수가 없거든요. 어디에 침을 찌를까요? 어디에 마취주사를 놓기에 순식간에 마취가 될까요?

내 주머니의 작은 채집 병에는 방금 잡은 싱싱한 긴호랑거미가 담겨 있습니다. 노획물을 바꿔치기하기로 마음먹었습니다. 계획대로라면 녀석은

황대모벌 | 131

② 터널을 확인하는 동안 입구 옆에 거미를 잠시 놓아두었습니다.

③ 거미를 터널로 끌고 들어갑니다.

④ 모래로 입구를 막으며 방아를 찧습니다.

⑤ 터널을 노리고 다른 황대모벌이 다가왔습니다.

① 사냥한 왕거미를 터널 근처 풀 위에 올려놓았습니다.

마취된 줄 알았던 사냥감이 움직이자 놀란듯 날개를 펄럭이며 화를 내고 있습니다.

거미의 가슴팍에 다시 마취침을 꽂고 있습니다.

마취가 안 된 긴호랑거미에게 다시 주사 바늘을 뽑아들 것이 분명합니다. 그녀가 당황했을 때의 모습도 궁금하고 침을 어디에 꽂는지 자세히 보고 싶었습니다.

거미를 끌고 가던 벌이 모래 터널 입구에 다다르자 노획물을 잠시 바닥에 놓고는 터널을 살피러 들어갑니다. 이때를 노려 마취된 거미를 빼돌리고 멀쩡한 거미를 그 자리에 내려놓았습니다. 몇 초 뒤, 모든 준비를 마쳤다고 생각한 벌이 구멍으로 끌고 갈 거미한테 다가갑니다. 그런데 웬일입니까! 사지가 마비되어 있어야 할 거미가 앙탈을 부리며 위협하고 있을 줄이야. 그녀는 몹시 화난 표정을 짓습니다. 의아해할 시간도 없습니다. 곧바로 그녀는 날개를 펄럭이며 싸울 태세를 갖춥니다. 그리고는 조금 전에 거미에게 했던 대로 또다시 사냥감을 꽉 움켜잡고 재빠르게 침술을 가합니다. 이런 바꿔치기는 여느 사냥벌에게도 써먹어본 방법이지만 황대모벌만큼 흥미롭지는 못했습니다. 그녀의 앙칼진 목소리가 금방이라도 들려올 듯 했으니까요.

자식 사랑의 본능

내 짓궂은 실험을 통과한 사냥꾼은 이제 노획물을 굴속에 집어넣습니다. 거미의 배 옆에 길쭉한 알을 한 개 낳고는 터널 입구를 모래로 막기 시작했습니다. 이 과정은 약 35분쯤 소요되는데 이들의 자식 사랑이 얼마나 지극한지 잘 나타납니다. 터널 입구를 얼마나 정성스레 막는지 흙을 덮고 발로 다지고 그것도 모자라 엉덩방아까지 찧습니다. 녀석의 정성이 보는 이의 마음을 찡하게 만들지요. 쿵쿵 방아를 찧는 모습이 어찌나 진지한지 그 모습을 결코 잊지 못합니다.

그녀가 낳은 알은 이틀이면 부화합니다. 애벌레에서 어른벌레로 화려한 변신을 하기 위해 움직임 없는 거미의 몸을 갉아 먹기 시작합니다. 터널 안에서는 어떤 방해도 받지 않고 성장할 수 있지요.

곤충 법정에 선 그녀를 보면 터널 입구를 정성을 다해 막고 있던 모습이 오버랩됩니다. 거미 살해자로 사체유기, 불법 의료행위 죄목으로 기소된 그녀의 삶이 겹쳐 그녀가 더욱 애처로워 보입니다. 긴호랑거미의 사냥이 불법이었는지 이제 판단을 내려야겠지요. 그녀의 유무죄를 판단하는 데 도움이 될까 해서 나는 긴호랑거미의 개체수를 확인하기로 했답니다.

이 거미는 가을에 보통 알집 하나를 만들지만 간혹 그 이상을 거미줄에 엮어 놓기도 합니다. 알집 하나에는 624개의 알이 있습니다.

황대모벌의 활동 시기는 넉넉잡아 7월에서 9월까지입니다. 길어도 90일을 넘기 힘들지요. 그중 흐린 날이나 비가 오는 날을 제외하고 햇볕이 좋은 날이 75일. 사냥은 하루에 한번 꼴로 하게 되니 긴호랑거미 75마리가 필요한 셈입니다. 나머지 그녀에게 필요한 것이라고는 부지런히 일하고 난 다음 노동의 대가로 마실 수 있는 꿀 한 모금 정도입니다. 긴호랑거미 한 마리에서 탄생한 자식들은 황대모벌에게 사냥당하더라도 알집 한 개당 549마리가 살아남는 꼴입니다. 이들이 모두 살아남아 들판을 점령한다

거미를 묻은 후 터널 입구를 정리하고 있는 황대모벌. 꽁무니로 방아를 찧기 때문에 배 끝에 모래가 많이 묻어 있습니다.

면 들판이 온통 긴호랑거미의 끈적거리는 거미줄로 뒤덮이게 될 것입니다. 그러면 다른 곤충들이 살아가는 데 많은 영향을 미치게 되겠지요. 아기의 성장을 위해 거미 단백질을 먹여야 하는 황대모벌 어미의 본능. 하지만 황대모벌은 그들의 모습과는 어울리지 않게 소심하고 얌전합니다. 자신을 위해서는 꽃꿀을 탐할 뿐이니까요. 거미 사냥이 죄라면 그들에겐 사형 선고나 다름없습니다. 자식을 양육하지 말란 소리이니까요.

    사람들은 오래전부터 자연에서 아름다움을 찾습니다. 발갛게 하늘을 물들인 석양도, 온 천지를 수놓는 단풍도, 다른 동물과의 관계에서도 아름다움을 찾아냅니다. 긴호랑거미와 황대모벌의 이 미묘한 먹이사슬도 아름다운 자연의 일부랍니다. 더불어 사는 세상에서 자식을 키우기 위한 애틋한 모정을 누가 죄라 할 것인가요.

8

신중한 어부
황닷거미

Dolomedes sulfureus

- 학 명 : 황닷거미 (*Dolomedes sulfureus*)
- 과 명 : 거미목 닷거미과
- 어른벌레 관찰 시기 : 6월 말 ~ 8월
- 겨울나기 : 어린 거미

어린 물고기를 사냥하는 습성을 가진 거미입니다. 습지 주변에 살며 수컷은 벌레를 사냥합니다. 사냥용 거미줄을 치지 않는 배회성 거미로 우리나라 전역에서 관찰할 수 있습니다.

황닷거미의 서식지 풍경.

낚시의 추억

어느 날인가 지방에서 관찰을 마치고 고속버스를 타고 늦은 시각에 서울에 도착했습니다. 노선버스가 끊어져 택시를 타려고 순서를 기다리는데 비 냄새가 물씬 풍겨옵니다. 서둘러 택시에 오르며,
"비가 올 것 같습니다. 비 냄새가 나더군요."
그러니 기사님께서
"그래요? 비 온다는 예보는 전혀 없었는데요?"
기사님의 목소리는 신념에 찼습니다. 절대 그럴 리 없다는 말투였지요. 차가 달린지 2분쯤 지났을까 앞 유리창에 굵은 빗방울이 '후두둑' 떨어지기 시작했습니다. 기사님은 놀란 듯 두리번거리며,
"허허. 손님의 코가 일기예보네요. 하하하."

138 | 숲 속의 사냥꾼들

자연과 함께하는 사람이라면 이런 경우를 잘 압니다. 어려울 것 같지만 꼭 그렇지만도 않습니다. 도심생활을 하며 잊고 산 것뿐입니다. 뛰어난 감각! 이것은 자연계의 사냥꾼에겐 꼭 필요한 재능입니다. 사냥을 하려면 상대보다 더 뛰어난 감각을 지녀야 하기 때문입니다. 이것은 우월한 무기체계를 갖추고 있는 것과 마찬가지니까요.

사람들에게도 사냥꾼의 감각이 있을까요? 사람에게도 사냥꾼의 기질은 살아남는 데 꼭 필요한 재능이었을 것입니다. 그런데 어찌된 일인지 요즈음 사람들을 둘러봐도 사냥꾼의 본성을 잊은 듯 보입니다. 아마도 수렵 생활을 벗어나 오랫동안 그런 감각을 잊고 살았기 때문은 아닐까요? 그러나 낚시에 빠져 있는 사람들을 보면 사람들이 가지고 있는 사냥 본성이 사라지지 않은 듯 보여 흥미롭습니다.

오래전, 어린 조카들과 함께 낚시를 한 적이 있습니다. 조카들에게 낚시의 맛을 알려주고 싶었지요. 내 아버지가 여섯 살 내게 가르쳤던 것처럼 내 조카들과 버들치 낚시부터 시작하기로 했습니다. 잘 마른 가느다란 대나무에 실을 묶고 바늘과 추를 달았습니다. 그리고 두엄 자락에서 캐온 지렁이를 들고 콧노래를 부르며 근처 도랑으로 향합니다. 물론 낚은 물고기를 담을 깡통 하나를 잊지 않지요. 바늘에 지렁이를 끼우고 웅덩이를 향해 바늘과 추를 던집니다. 그러면 돌 밑에 숨어 있던 버들치들이 나타나 입질을 시작합니다. 찌도 필요 없습니다. 맑은 물이라 밖에서 녀석들이 어떻게 먹이를 무는지 빤히 보이니까요. 지렁이를 물었다 싶으면 냅다 당기면 그만이었지요. 발버둥치는 물고기의 몸부림이 곧 손맛이고 전율이었습니다. 그것이 낚시의 묘미였지요.

처음엔 조카들도 미늘이 있는 낚시 바늘에 지렁이 끼우는 것을 싫어했답니다. 무척 징그럽고 귀찮았을 테니까요. 삼촌의 역할이라곤 지렁이를 끼워주는 것이 고작이었지요. 낚는 요령을 익힌 조카들은 곧 훌륭한 낚시꾼으로 변했습니다. 다음부턴 자기들끼리도 곧잘 낚시하러 나가곤 했지요. 징그럽게 여기던 지렁이 끼우기도 서슴지 않고 잘 해냈습니다. 한번 나가면 깡통에 제법 많은 버들치가 담겨 있곤 했답니다. 그러나 이젠 조카들도 낚시질을 않습니다. 바늘에 걸린 물고기의 아픔을 잘 알 시기니까요. 그저 삼촌이 가르쳐 준 한 시절의 추억이었답니다.

습지의 낚시꾼

낚시꾼에게 절실히 필요한 것은 끈기와 참을성입니다. 신경을 곤두세우고 오랫동안 기다리는 일은 심신을 금방 피로하게 만듭니다. 그러나 훌륭한 낚시꾼은 이런 것을 잘 참아냅니다. 내가 아는 이 노련한 낚시꾼도 기다림의 대가입니다. 그렇다고 무작정 기다리는 것이 아니라 상대가 다가오도록 조심스럽게 유도하는 낚시꾼이죠.

능숙한 낚시꾼이라면 물의 온도와 대기압을 눈여겨 볼 줄 압니다. 물속 지형과 소용돌이치는 물의 흐름을 꿰뚫는다면 경험 많은 낚시꾼이겠지요. 여기에 노련함까지 덧붙여지면 물고기의 회유 시간까지 잘 압니다. 날씨와 수온, 물의 흐름과 물속 지형, 게다가 물고기의 회유 시간까지 알고 있다면 이제 싱싱한 미끼를 드리우고 물고기를 낚는 일만 남았을 뿐입니다. 낚시란 매우 단순한 것 같지만 그리 호락호락한 일인 것만은 아닙니다. 만일 급한 성격의 소유자라면 낚시꾼이 되어보길 권합니다.

누런 바탕에 흰색의 긴 무늬, 6쌍의 점박이 무늬를 가진 이 습지의 낚시꾼 이름은 황닷거미입니다. 꼬마거미과의 창거미, 왕거미과의 머리왕거미와 어리왕거미, 해방거미류는 다른 거미줄에 침입해 그 주인을 잡아먹습니다. 모두 각자의 환경에서 살아가는 방식을 독특하게 발전시킨 녀석들이죠. 그러나 이 거미는 내 조카들처럼 습지에서 올챙이나 물고기 낚는 것을 좋아합니다. 만일 근처에 습지가 있다면 꼭 황닷거미를 찾아보세요. 습지 한곳에 수초를 디딤돌 삼아 잠자코 기다리는 몸집 크고 힘 센 이 거미

황닷거미가 물가 풀 위에서 사냥을 준비하고 있습니다.

를 만날 테니까요.

물고기의 습성을 아는 거미

물속 세계도 그 나름 자연의 질서가 미묘하게 자리잡고 있습니다. 큰 물고기부터 올해 태어난 작은 물고기까지 힘의 서열이 매겨지고 질서가 유지되지요. 깊은 곳에는 적은 수의 큰 물고기가, 어린 녀석들은 물 가장자리에 떼 지어 있길 좋아합니다. 이유는 두 가지입니다. 작은 녀석들은 깊은 물 수압에 적응하지 못했거나 육식성 큰 물고기를 피해 비교적 안전한 물 가장자리를 선택한 것입니다. 그러나 환한 곳에 있다간 이번에는 새들에게 당하기 십상입니다. 그래서 이들은 물 표면에 나뭇잎이라도 둥둥 떠 있으면 그 아래로 몸을 숨깁니다. 어린 물고기의 자연스런 자기보호본능

물 표면에 앉아서 물고기를 기다리고 있는 황닷거미

이랍니다. 그런데 황닷거미는 오래 전부터 이런 사실을 잘 알고 있었던 모양입니다.

　어느 후덥지근한 날이었지요. 바람이 전혀 없는 날이라 조금이라도 시원한 물가를 찾아 서성거렸습니다. 수서곤충도 볼 겸 혹시라도 사냥하는 황닷거미를 만날 수 있지 않을까 해서였지요. 그때였습니다. 큼직한 황닷거미 한 마리가 물풀에 한쪽 몸을 걸쳐놓고 다리를 쩍 벌린 채 자리를 잡고 있습니다. 물론 물 아래를 응시하는 것이었죠. 처음에는 죽은 거미가 물 위에 떨어진 것처럼 보였습니다. 죽은 녀석이 공교롭게도 물 표면에 살아 있듯 앉아 있었으니까요. 그런데 표정이 심상치 않았지요. 거미는 사람과 같이 부드러운 피부로 되어 있어서 죽으면 거죽이 쭈글쭈글해집니다. 그런데 녀석은 탱탱했지요. 뭔가 일을 저지를 것처럼 보였답니다.

　녀석을 지켜보기로 했습니다. 삼십 분이 지나 한 시간, 두 시간이 다 되도록 기다려보았는데도 녀석은 꼼짝도 않고 죽은 듯이 있습니다. 먼저 지친 것은 나였습니다. 거미의 인내심은 정말 칭찬할 만했습니다. 그 끈기에 두손 두발 다 들었답니다. 그런데 바람이 불었기 때문인지 아니면 장소가 마음에 들지 않았는지 녀석이 다른 장소를 물색하곤 했습니다.

기다림의 미학

간절히 바라고 기다리면 기회가 꼭 오기 마련인가 봅니다. 작은 물고기 떼가 약속이나 한 듯이 그늘진 수면으로 접근했습니다. 사냥꾼은 마치 이렇게 혼잣말을 하는 듯했습니다. '흐흐 내 사냥감이 이제야 나타나셨군!' 하지만 서두르지 않고 오히려 느긋하게 더 좋은 기회를 노리는 듯했습니다. 물고기들이 황닷거미의 몸통 아래서 노닐어도 잠자코 기다리기만 합니다. '이 녀석 도대체 얼마나 더 기다리려고 하는 거야!' 이렇게 투정이 나올 지경이었지요. 녀석은 얼마나 좋은 기회가 와야만 움직이는 걸까요? 숨을 죽이고 녀석이 움직이기를 기다렸습니다. 그러나 더 이상 아무 일도 일어나지 않습니다. 어떻게 여덟 개나 되는 다리를 이렇게도 꼼짝하지 않고 오래도록 가만히 있을 수 있을까요? 애초에 거미는 다섯 쌍의 다리를 갖고 있었답니다. 그런데 맨 앞의 한 쌍이 더듬이다리로 바뀌어 네 쌍의 다리와 한 쌍의 더듬이다리로 나뉘게 됩니다. 수컷의 더듬이다리 한 쌍은 생식기관입니다. 거미의 입 주변에 권투글러브처럼 두툼하게 보이는 것이 있다면 수컷의 더듬이다리라 여기면 되지요. 그러나 황닷거미 수컷은 물고기 사냥에 능숙하지 못합니다. 체구가 작아 작은 벌레

거미의 아래쪽 모습. 입 양쪽 옆에 있는 작은 다리가 거미의 더듬이다리입니다.

사냥을 위해 물에 떠 있는 황닷거미 아래로 어린 물고기가 지나가고 있습니다.

사냥을 더 좋아하는 편이죠. 이에 비해 덩치가 큰 암컷은 물 표면에서 털뭉치 같은 더듬이다리를 톡톡 두드려 물고기를 유혹합니다.

폭풍 전야의 정적처럼 길고 지루한 시간이 흐른 후 아주 작은 움직임이 눈에 들어왔습니다. 녀석이 더듬이다리를 아주 조금 까닥거리기 시작합니다. 마치 물 표면에 깔따구가 떨어져 허우적대는 것처럼 보입니다. 이런 것을 마다할 물고기는 없지요. 물고기가 보기엔 좋은 먹잇감처럼 보일 테니까요.

번개 같은 챔질

황닷거미가 사냥할 무렵은 고요하기 그지없습니다. 바람 한 점 없는 정적이 수면 위를 감싸고 있습니다. 수면 아래로 물고기들이 왔다 갔다 해도

물고기 사냥에 성공했습니다.

　녀석은 꼼짝 않고 있습니다. 아무런 눈치를 채지 못한 물고기가 가까이 다가오고 나서야 녀석은 더듬이다리를 까닥거립니다. 온몸을 덮은 잔털과 삐죽이 솟아난 가시털이 녀석의 사냥 감각을 일깨웠습니다. 물 표면에 진맥하듯 가볍게 대고 있는 다리는 수면 아래로 움직이는 물고기의 움직임을 잘 포착하게 해 줍니다. 물 표면까지 전해오는 물고기가 만들어낸 파장이 녀석의 다리에 난 감각기를 자극하고 이 자극이 털의 뿌리 부분에 있는 신경말단까지 전해집니다. 마침내 절제된 여유로 무장한 뛰어난 사냥꾼이 탄생한 것이지요.

　호기심 많은 물고기가 물 위에 비친 녀석의 다리를 물에 떨어진 벌레인 줄 알고 수면 가까이 올라옵니다. 그래도 이 거미는 물고기가 더듬이다리를 건드릴 때까지 잠자코 있습니다. 그러나 한순간입니다. 물고기가 거미의 더듬이다리에 입을 갖다 대는 순간, 순식간에 아수라장이 되었습니다.

물보라가 튀고 엎치락뒤치락 싸움터가 되어버렸지요. 잠자코 있던 황닷거미가 물고기를 낚아챘습니다. 죽기 살기로 피비린내 나는 혈투가 벌어집니다. 물고기가 죽을 힘을 다해 파닥거리며 저항합니다. 그러나 물고기 머리 부분을 엄니로 꽉 물고는 물고기의 저항을 온몸으로 버텨내고 있습니다. 물고기가 거세게 발버둥칠수록 황닷거미의 엄니가 더 강하게 조여듭니다. 물고기의 머리 골격이 깨어지고 큼직한 눈이 찢어집니다. 몰골이 말이 아닙니다. 그래도 황닷거미는 한번 문 엄니를 고쳐 물지 않습니다. 만일 엎치락뒤치락거릴 때 고쳐 문다면 사냥감을 놓칠 수도 있기 때문입니다. 번개 같은 순간적인 챔질! 이것은 물고기 낚시꾼, 황닷거미만의 비법입니다.

아낌없는 모성

사람은 누구나 시인과 같은 예술가적 기질과 사냥꾼의 본능을 갖고 있다고 합니다. 그래서 한번쯤 관습이나 규율을 무시하고 자유분방한 방랑의 삶을 꿈꾸기도 하지요. 바로 보헤미안과 같은 삶이지요. 황닷거미를 관찰하다보면 나도 모르게 이 단어를 떠올리게 됩니다. 3~4년을 살아가는 이 거미의 삶은 그야말로 방랑의 삶입니다. 어느 누가 봐도 자유로운 생활이지요. 하지만 이들의 생활이 꼭 무질서한 것만은 아닙니다. 황닷거미가 사냥하는 모습을 보면 누구나 이들의 삶의 정점을 보는 것과 같은 생각이 들겠지만 그렇지 않습니다. 녀석들을 찬찬히 오랜 기간 관찰해보면 녀석들의 새로운 면을 알 수 있지요. 황닷거미는 다른 거미들처럼 한곳에 머무르지 않고, 사냥용 거미줄 덫도 치지 않습니다. 어릴 때는 습지를 돌며 작은 곤충을 잡아먹지만 커지면서 대담해져 올챙이 낚시와 물고기 사냥을 하지요. 이런 우악스런 사냥법만으로 이들을 판단해선 안 됩니다. 마지막 관찰에서 안 사실이지만 이들의 모성은 정교하기 그지없었으니까요.

알을 품고 있는 황닷거미.
황닷거미는 알집을 만든 후
가슴 아래에 달고 다닙니다.

닷거미류가 알집을 품고 있습니다.

    8월에 작은 습지를 찾아가면 여기저기 알주머니를 물고 있는 황닷거미를 발견할 수 있습니다. 입으로 알주머니를 물고는 있지만 가랑이 사이로 언제든지 감싸 안은 모습을 하고 있습니다. 이때부터는 좋아하는 물고기 사냥도 하지 않습니다. 볕이 좋은 곳에서 알주머니를 내놓기도 하고, 덥다 싶으면 그늘에서 열을 식히는 정성을 들이기도 합니다. 암탉이 알을 품는 정성과도 비슷합니다. 한동안 알을 품고 다니다 부화할 때쯤이 되면 풀이파리에 거미줄을 엮어 알집을 고정시킵니다. 일생에 단 한 번 치는 거미줄을 녀석들은 사냥에 사용하지 않고 모두 아기의 육아용 놀이터로 사용하지요.

    이제 알주머니를 돌보던 어미도 기진맥진해집니다. 알이 부화하기까지 식사 한 끼 못했으니까요. 새끼가 부화하고 나면 다시 자유로워질 것 같지만 그렇지 않습니다. 녀석이 허기진 아기들의 배 속에 제 육신을 기꺼이 던져 주거든요. 녀석들처럼 찡한 감동을 주는 모성애를 가진 어미들이 또

새끼가 알에서 부화할 때가 되면 거미줄을 치고 새끼를 보호합니다.

있을까요. 황닷거미는 늦여름에 깨어나 다시 습지를 활보할 철없는 작은 생명들을 남겨 두고 자신이 해야 할 마지막 소임임을 깨달은 표정으로 서서히 죽어갑니다. 다시 계절이 바뀌어 아기 거미 무리가 습지 한곳에 자리를 잡을 때쯤이면 내 조카들도 자기들처럼 숙련된 낚시 놀음을 하는 보헤미안을 기억해 낼 것입니다.

9

메뚜기를 잡아라!
홍다리조롱박벌

S o d o n t i a   h a r m a n d i

- 학 명 : 홍다리조롱박벌 (*Sodontia harmandi*)
- 과 명 : 벌목 구멍벌과
- 어른벌레 관찰 시기 : 7월 ~ 9월
- 겨울나기 : 번데기

조롱박벌은 메뚜기 무리를 사냥감으로 삼습니다. 가운뎃다리와 뒷다리가 붉은 색을 띠고 있어서 홍다리조롱박벌이라는 이름을 얻었습니다. 우리나라 전역에서 관찰할 수 있는데, 맨땅이 드러난 곳에 굴을 파고 베짱이류나 매부리류를 사냥해 새끼의 먹이로 사용합니다.

서해안의 섬에서 홍다리조롱박벌을 관찰하고 있는 저자. 맨땅에 보이는 구멍이 모두 홍다리조롱박벌이 파 놓은 구멍입니다.

군비경쟁

2010년 대한민국 국방백서에 따르면 각 나라별 국방비 지출액(억 달러)은 1위 미국(6,903), 2위 중국(780), 3위 프랑스(672), 4위 영국(608), 5위 독일(469), 6위 일본(456), 7위 사우디아라비아(412), 8위 러시아(411), 9위 호주(276), 10위 대한민국(245), 11위 터어키(135), 12위 이스라엘(129), 13위 대만(97) 순입니다. 안전을 지키기 위한 책임비용입니다.

인간의 세계에서는 땅 위에 그어 놓은 표식에 의해 '국가'라는 울타리가 만들어집니다. 이 울타리를 침범할 경우, 위에 나열된 비용의 군사력으로 응징하는 것입니다. 적대적인 이웃 국가가 신무기를 개발하면 인접한 국가는 여기에 맞설 무기 개발에 또 국방비를 늘립니다. 이렇게 군비경쟁이 시작되지요.

곤충의 세계에서도 군비 경쟁이 있을까요? 자연의 세계에서도 사람들처럼 군비 경쟁이 일어납니다. 인간의 경쟁은 순식간에 일어나지만 자연에서는 삶을 보전하기 위한 경쟁이 오랜 시간을 두고 일어납니다. 비록 지금은 느낄 수 없지만 세월이 지나 흔적이 쌓이면 더 발달된 사냥꾼이 나타나고, 그 사냥꾼한테서 달아나는 능력을 발달시킨 무리가 나타납니다. 이것은 같은 종족간의 군비 경쟁이 아니라 먹이사슬 때문에 생기는 다른 종족간의 경쟁입니다. 100년 가까이 사는 인간에 비해 너무나 짧은 생을 사는 곤충들은 해마다 다음 세대에게 조금씩 각인된 본능으로 이런 능력을 남겨줍니다. 사냥꾼뿐 아니라 사냥감의 진화도 볼 만합니다. 언제까지 당할 수만은 없으니까요.

메뚜기 사냥꾼

볼품없는 까만 벌이 연두색 베짱이를 물어 나르는 장면을 목격했다면 홍다리조롱박벌이라 여겨도 좋습니다. 뺄간 가운뎃다리와 뒷다리가 무척 인상적인 이 녀석은 다리의 정강이 윗부분이 붉어 이런 이름을 얻었답니다. 홍다리조롱박벌은 메뚜기를 사냥합니다. 베짱이와 매부리 같은 여치상과의 곤충들이 사냥 대상이죠. 사냥벌은 대개 땅을 파거나 흙집 토목공사를 벌이는데 이들의 활동은 날씨에 따라 크게 달라집니다. 장마가 끝나 덥고 건조한 날이 계속되는 7월 말에서 9월이 이들이 활동하기에 알맞습니다. 이 까만 사냥벌은 뜨거운 햇볕을 무척 즐깁니다. 아침부터 햇볕에 달구어진 더운 땅에서 토목공사를 벌입니

베짱이(위)와 매부리(아래).

홍다리조롱박벌이 맨땅에 구멍을 파고 있습니다.

다. 나나니는 파낸 흙을 물고 멀리까지 날아서 내다버리지만 이들은 파낸 흙에는 신경을 쓰지 않고 언제나 한쪽에 쌓아두지요. 빨리 사냥해서 터널 속을 채울 생각뿐입니다.

　오래전 폐교가 된 초등학교의 운동장을 지나던 길에 조롱박벌이 눈에 띄었습니다. 첫눈에 그 벌이 무척이나 흥미로울 거라는 생각이 들었습니다. 녀석은 어린 베짱이를 사냥해 놓고 터널 공사에 열중하고 있었거든요. 그런 줄도 모르고 사람이 지나가고 있었으니 붕 하고 날아오르며 화를 내지요. 뾰족한 침을 사용하는 벌을 좋아할 사람이 몇이나 될까요. 누구라도 침으로 쏘는 벌에게는 겁을 냅니다. 시커멓고 큼지막한 녀석의 소리에 나도 놀라 움찔했답니다. 벌은 내 발걸음에 놀라 윙 날아 옆으로 비켜났습니다. 낯선 침입자에게 신경질난다는 듯이 주위를 몇 번 돌더니 휑하니 가버렸습니다. 그때 녀석의 다리가 붉다는 것을 알았습니다. 홍다리조롱박벌이란 것을요. 만약 주위에 사냥벌이 두어 번 비행했다면 근처에 녀석의 둥지가 있음을 의미합니다. 곧 그것을 찾아보기로 했답니다.

　주위를 살펴 보니 녀석이 파놓은 터널 입구가 보입니다. 조금 떨어진 곳에 마취된 베짱이도 있고요. 홍다리조롱박벌은 베짱이를 단단히 마취해 두고 구멍 옆에 뉘었습니다. 그리고 터널 공사를 했던 것입니다. 공사를 한참동안 해야 했으니 시간이 꽤나 지났겠지요. 그런데 그 다음이 문제였습니다. 오랫동안 방치된 베짱이 냄새를 맡고 개미 떼가 꼬였습니다. 마취된 베짱이가 땅바닥에 가만히 누워 있으니 그런 싱싱한 먹이를 개미가 마다할 리 없었습니다.

　터널 공사를 끝낸 홍다리조롱박벌은 사냥감을 지키기 위해 개미와 싸워야 할 판이었습니다. '이제 개미들이 벌에게 호되게 당하겠구나!' 그런데 의외의 일이 벌어졌습니다. 홍다리조롱박벌이 개미에게 달려들기는커녕 힘들여 작업한 터널과 베짱이를 포기한 채 획 하니 멀리 날아가 두 번 다시 돌아오지 않았습니다. 이 노상강도들과 싸워봤자 득이 될 게 없다고 생각했나 봅니다.

물 빠짐이 좋은 땅

　잘 다져진 땅은 홍다리조롱박벌이 좋아하는 곳입니다. 비가 와도 빗물이 곧바로 흘러나가는 곳이지요. 엄마 벌은 둥지 속의 아기들이 익사하기 바라지 않으니까요. 단단하면서 물 빠짐이 좋은 곳이라면 잘 다져진 모래와 점토가 있는 땅입니다. 이런 장소에서 홍다리조롱박벌은 8월 초부터 9월 중순까지 터널 공사를 벌입니다. 녀석들을 찾기는 어렵지 않습니다. 섬이라면 헬기장, 내륙이라면 주변에 풀이 있는 편평한 맨땅만 있으면 됩니다. 만약 공간이 좁다면 한곳에서 여러 마리를 만날 수도 있습니다. 이들이 한 장소에서 이웃하며 공사를 벌이는 때도 종종 있으니까요.

　그때도 한 곳에서 여러 마리가 터널 공사를 벌이는 모습을 관찰하였습니다. 어떤 녀석은 이웃과 불과 몇 센티미터 사이를 두고 있었답니다. 사냥벌이라면 사납기가 이루 말할 수 없는 벌인데 어찌된 일인지 이들은 사이가 좋았습니다.

터널 공사를 할 때는 나나니처럼 지지지 하는 소리도 들립니다. 아마 힘을 들일 때 녀석들이 내는 소리인가 봅니다. 그런 소리가 들리는 곳으로 눈을 돌리면 영락없이 녀석들의 공사 현장이 보입니다.

물 한 모금 얻기 힘든 강원도 영월의 민둥산에 가면 홍다리조롱박벌보다 조금 작은 조롱박벌을 곧잘 만납니다. 그 지방에선 삽사리나 꼭지메뚜기, 등검은메뚜기를 주로 사냥합니다. 한번은 구덩이를 파던 조롱박벌을 관찰하느라 땅바닥에 납작 엎드렸습니다. 그랬더니 녀석이 어디선가 메뚜기를 물고 와 내 다리를 타고 등을 지나 머리를, 얼굴을 지납니다. 삽사리 더듬이를 잡고 살갗을 디디며 지나는 감촉! 동행했던 자연 다큐멘터리 팀이 그 장면을 보고 죽겠다는 듯이 웃습니다. 벌이 사람의 얼굴을 지나는 것이나 그것을 참고 또 잠자코 있는 사람이나 모두 제정신이 아니라는 것이었지요. 감독이 묻습니다.

'무섭지 않아요? 지나가다가 침으로 쏘기라도 하면 어쩌려고.'

'가만히 있으면 얘들도 그냥 장애물인 줄 알고 지나쳐 버려요. 안심해도 좋아요.'

곤충들의 생활을 관찰하려고 간지럼까지 참으며 이렇게 대답한 내 스스로도 웃음이 납니다. 까만 빛깔에 은색 빛이 도는 조롱박벌은 구덩이 속에 등검은메뚜기 한 마리를 넣고 구멍을 메워버렸습니다. 물론 등검은메뚜기 뒷다

등검은메뚜기를 사냥한 조롱박벌(위)과 사냥감의 옆구리에 낳은 길쭉한 알(아래).

홍다리조롱박벌이 사냥감을 끌고 구멍으로 들어간 사이 기생파리가 날아와 새끼를 낳을 기회를 엿보고 있습니다.

리 부위엔 길쭉한 알 하나를 낳아 놓았답니다.

애벌레 구별

홍다리조롱박벌의 둥지에는 언제나 기생파리가 들끓습니다. 엄마 벌은 사냥감이 움직이지 못하도록 상대 겨드랑이에 마취 침을 놓지만 이때 생기는 미세한 상처는 사람들이 맡을 수 없는 냄새를 풍깁니다. 이런 상처가 불청객들을 불러들였습니다. 실제로 둥지를 파보면 기생파리 애벌레와 홍다리조롱박벌 애벌레가 함께 들어 있는 경우가 많습니다. 기생파리 애벌레 두세 마리에 벌 애벌레는 단 한 마리뿐입니다. 유심히 보면 파리 애벌레들은 거의 엇비슷합니다. 머리 부분은 뾰족하고 배 끝은 뭉툭해서 금세 구분됩니다. 그러나 홍다리조롱박벌 애벌레는 배 끝을 알 상태에서 고정된 그대로 붙어 있고 머리만을 움직이며 먹이를 찾습니다. 그리고 쉴 때에는 언제나 고개를 푹 숙이고 쉬는 별난 모양을 한답니다. 호리병벌이나 나

나니 애벌레가 뚱보라면 이들의 애벌레는 기다란 키다리라고 할 수 있지요. 엉거주춤하게 큰 녀석들을 보면 너무 싱겁게 생겼다고나 할까요?

먹이

홍다리조롱박벌의 사냥감은 베짱입니다. 사냥감은 모두 약충들로, 매부리와 실베짱이까지도 사냥 대상입니다. 어느 날 둥지 근처에 베짱이 약충을 사냥해 온 엄마 벌을 발견했습니다. 급히 다가가서 기절시켜 놓은 긴꼬리쌕쌔기 약충을 옆에 놓아 보았습니다. 비슷한 녀석이라 엄마 벌이 보면 급하게 마취 침을 놓을 것이라 생각했습니다. 그런데 막상 일이 벌어지는가 싶더니 쉽사리 끝나버렸습니다. 엄마 벌이 쌕쌔기 약충을 멀리 밀쳐 버리고 맙니다. 등가슴판에 암고동색 무늬가 있는 쌕쌔기는 이들이 좋아하지 않는 사냥감인 모양입니다. 아직까지 홍다리조롱박벌이 쌕쌔기 약충을 사냥해온 것은 한번도 보지 못했습니다. 그럴만한 이유가 있는 듯 했습니다. 쌕쌔기는 비록 몸이 작지만 눈치가 빠른 곤충입니다. 아무리 대담한 엄마 벌이라도 작고 영리한 쌕쌔기만큼은 사냥하기 힘들었겠지요.

초원지대와 벌

메뚜기 무리를 관찰하다가 궁금한 것이 생기면 가까이 지내는 메뚜기 박사님께 자문을 구하고는 합니다. 그러면

실베짱이(위)와 긴꼬리쌕쌔기(아래).

사냥감을 구멍 옆에 놓아두고 구멍 안을 살피러 들어갔습니다.

어김없이 답을 주어 궁금증이 곧 해결되지요. 그러나 참 알다가도 모를 일이, 곤충들에 대해 조금 알았다 싶을 때 궁금한 것이 더 많아집니다. 모를 땐 궁금하지 않던 일들이 알면 알수록 새로운 의문점이 생기거든요. 녀석들의 삶을 관찰하고 나니 이제는 메뚜기와 홍다리조롱박벌의 경쟁에 관해서 알고 싶어졌습니다. 인간의 사회에서는 군비 경쟁이 있지만 곤충들끼리는 어떤 경쟁을 벌이는지 말이지요.

　짝짓기를 위해서 수컷들끼리는 경쟁을 벌이지만 암컷들은 이웃을 두고 경쟁하지 않습니다. 10~15센티미터 간격을 두고 제 할 일에만 열중합니다. 베짱이를 사냥해 오고 땅에 묻고 있으면 이웃집에서는 모래알을 꺼내느라 안간힘을 씁니다. 이들의 군비경쟁은 메뚜기와 벌과 기생파리에 국한됩니다. 메뚜기는 어떻게 벌에게 들키지 않고 벼과 식물을 갉아 먹을까? 벌은 메뚜기를 어떻게 사냥할까 궁리하는 것뿐입니다. 이들 사이에서 기생파리는 또 어떻게 끼어들까 기회를 엿봅니다. 알고 보면 모두 시간과의 싸움이랍니다. 오랜 세월이 지난 뒤 이런 경쟁은 이들을 어떻게 변하게 할까요? 동족간의 경쟁 대신 아기자기하게 이웃과 함께하는 그대로를 볼 수 있었으면 좋겠습니다.

그러나 이런 궁금증을 해결하기는 쉽지 않아 보입니다. 인간의 간섭 때문이지요. 메뚜기는 풀밭이 있어야 살아갈 수 있는데 도로 확장 공사니 매립지 공사니 하여 해마다 풀밭이 사라져갑니다. 5년 동안 녀석들을 관찰하기 좋은 13곳을 모두 잃어버렸습니다. 그곳에 많던 홍다리조롱박벌이 자취를 감췄답니다. 매부리와 베짱이의 수가 급격하게 감소하였거나 벌이 번식할 땅을 파헤쳐 놓았기 때문입니다. 내가 관찰했던 그곳은 25제곱미터 면적에 700마리가 넘는 홍다리조롱박벌이 번식하던 곳입니다. 어느 틈엔가 우리는 그 많은 곤충들의 미래에 끼어들고 있는 셈입니다. 기생파리처럼 말입니다.

10

연못 속의 은둔자
배물방개붙이

Dytiscus (Macrodytes) czerskii

- 학 명 : 배물방개붙이(*Dytiscus (Macrodytes) czerskii*)
- 과 명 : 딱정벌레목 물방개과
- 어른벌레 짝짓기 관찰 시기 : 3월 말 ~ 6월
- 겨울나기 : 어른벌레

최근에서야 우리나라에 존재가 알려진 물방개입니다. 물속에서 산개구리 등의 올챙이를 잡아먹는 포식자입니다. 애벌레 시절에는 물속 생활이 가능하도록 아가미가 있지만 어른벌레가 된 후에는 공기 호흡을 합니다. 애벌레부터 어른벌레까지 육식을 하는 물속의 포식자입니다.

배물방개붙이의 서식지.

까칠한 수서곤충

어린 시절 버섯을 알려주시던 할아버지 말씀이 생각납니다. '향으로는 첫째가 송이고, 둘째가 능이란다. 하지만 맛으로는 첫째가 능이고, 둘째가 송이지.' 돼지고기를 먹고 탈이 난 손자에게 먹여 주시던 능이버섯 달인 물. 송이버섯과 능이버섯의 은은한 향. 그 향기야말로 자연의 향기 그대로입니다. 향과 맛이 으뜸입니다. 그러나 이 버섯들은 아무데서나 자라지 않습니다. 사람으로 말하면 낯가림이 심한 편이지요. 까다롭게 여러 조건이 맞아야 하기 때문에 쉽게 만날 수 없는 버섯이랍니다.

내가 관찰하던 딱정벌레 무리 중에도 이런 버섯처럼 까다로운 녀석이 있습니다. 숲에 사는 것을 거부하고 물속에서 조용한 은둔자처럼 지내는 녀석이지요. 딱정벌레들이 으레 그렇듯 이들도 밤이 이슥해진 다음에야 날갯짓과 자맥질을 시작합니다. 그래서 물속 딱정벌레 마니아들에게 선망의 대상이 되었던 것 같습니다. 독특한 습성과 별난 생김새, 희소한 가치 때문에 더 신비로웠지요. 이들은 물방개보다 좀 작고, 그늘과 볕이 적당하지 않으면 곧 떠나버리는 매우 까칠한 녀석이랍니다.

수서곤충을 관찰하는 것은 또 다른 모험입니다. 바지장화와 커다란 뜰채, 산소 발생기가 달린 통, 낮은 온도를 유지할 수 있는 아이스 박스. 이쯤 되면 수서곤충 채집을 떠날 만합니다. 그런데 어린 시절에는 이 일이 매우 어렵습니다. 물가에 간다고 하면 어른들이 극구 말렸으니까요. '물가에 세워 놓은 어린아이 같다'는 말이 그때는 어찌나 듣기 싫었는지, 어른이 되고 나서야 그 말뜻을 이해할 것 같습니다.

나는 한동안 물속을 탐구하는 관찰자가 되기로 자청했습니다. 물속은 그동안 내가 잘 알지 못했던 또 다른 세계니까요. 그러다가 이 녀석을 만났답니다. 아주 우연히 이 녀석을 만나게 되었는데 그동안 사람들 눈에 잘 띄지 않았던 이유도, 녀석이 어떻게 살아가고 있는지도 궁금했지요. 원래 물 밖에 살던 녀석들이 물속에서 살게 된 이유가 뭘까요? 이것을 알아내려면 별난 습성을 가진 이 녀석들의 생활을 알아내는 방법뿐이었습니다.

왕물맴이(위)와 큰알락물방개(아래).

물속의 폭군

딱정벌레 무리 중에서 물속의 폭군이라 할 수 있는 녀석은 바로 물방개랍니다. 애벌레 시절부터 다 자라 어른

물방개 들은 물속에 들어갈 때 딱지날개 안쪽에 공기를 품은 채 잠수를 합니다.

벌레가 될 때까지 철저한 육식곤충이기 때문입니다.

어릴 적 물방개를 만난 것은 여름방학이 되어 외가에 갔을 때였습니다. 외삼촌께서 수로로 나가 물방개와 물고기를 잔뜩 잡아 주십니다. 그러면 나는 보물인양 그것을 은빛 주전자에 고이 담아 껴안고 돌아옵니다. 우물가에 놓고 기를 작정이었지요. 그런데 집에 와서 보면 주전자 속이 엉망입니다. 주저앉아 울고 싶을 지경이지요. 주전자 속의 물고기는 어디 가고 앙상하게 뼈만 남아 있습니다. 안이 벙벙했습니다. 화도 잔뜩 나고, 주전자 안에서 무슨 일이 벌어졌는지 궁금해 견딜 수가 없었지요. 나중에야 알게 되었는데 물고기를 잡아먹은 범인은 물방개였답니다. 얌전해 보이던 녀석이 그렇게 살코기를 탐낼 줄이야.

시골에서 나고 자란 사람들은 대개 물방개를 잘 압니다. 하지만 지금 내가 관찰하려고 하는 것은 여느 물방개가 아니랍니다. 물방개와 같은 집안이지만 다른 족으로 구분하고 있는 '배물방개붙이'란 녀석입니다. 아직 사

배물방개붙이 수컷.

람들에게 잘 알려지지도 않았고, 어찌 살아가는지 생활사에 대해서도 알고 있는 것이 없지요. 어쩌면 그래서 더 내 호기심에 불이 붙었는지 모릅니다. 녀석과 비슷한 물방개는 비교적 흔히 관찰할 수 있습니다. 우리나라 남부에서 중부까지 적당한 곳만 있으면 녀석들이 살고 있습니다. 그런데 배물방개붙이는 왜 그동안 눈에 띄지 않았을까요? 어떤 조건이 달라 전국에 분포하고 있지 않을까요? 우리나라 곤충명집에는 물방개붙이족에 물방개 두 종류가 기록되어 있습니다. 이들의 속명(屬名)인 'Dytiscus'라는 말은 '급강하하는'이란 뜻입니다. 녀석들이 딱지날개 안쪽 공기 탱크에 산소를 채우기 위해 잠시 물 표면에 올라왔다가 급하게 잠수하는 모습을 본떠 이름을 붙인 듯합니다.

　물방개와 배물방개붙이를 겉모습을 보고 구분해내려면 암컷의 딱지날개를 살펴보아야 합니다. 녀석들의 딱지날개는 여느 물방개처럼 매끈하지 않고 좌우 날개에 세로로 줄무늬가 열 개씩 돋아나 있답니다.

배물방개붙이 암컷.

배물방개붙이의 사랑

수서딱정벌레의 삶이 깊은 물속에서만 이루어지는 것은 아니랍니다. 사람들이 산소통을 메고 물속을 잠수한다 해도 아주 깊은 곳까지 갈 수 없듯이 녀석들의 행동 반경도 햇볕이 닿는 물속까지가 고작입니다. 깊지도 얕지도 않은 무릎 깊이. 해묵은 디나리가 수초들과 함께 둠벙을 감싸는 곳. 이들의 물속 진화란 여기까지가 한계인 모양입니다.

3월이 되어 강원도 화천과 경기도 연천의 얕은 물웅덩이에 찾아갔습니다. 주기적으로 찾는 기간을 정하고 몇 개체는 책상 위 어항에 넣어 두기로 했습니다. 예상대로라면 그동안 숨겨졌던 그들의 이야기가 곧 눈앞에서 펼쳐질 것입니다. 그런데 의외였습니다. 어항에서 마주친 암수는 벌써부터 짝짓기에 사투를 벌입니다. 기필코 따라붙어 움켜잡는 수컷과 한사

배물방개붙이 한 쌍.

코 내빼려는 각시의 몸부림이 며칠을 두고 잔물결을 일게 했습니다. 그런데 한 가지 궁금한 게 생겼습니다. 이들이 짝짓는 시기가 3월이 맞는 걸까요? 책상 위의 어항과 산지의 둠벙은 많이 다릅니다. 어항 속에 가둬 놓은 채 관찰한 것과 자연에서 관찰하는 것이 같을까요? 산지의 물은 여전히 차갑고 음달에는 얼음이 얼어 도무지 풀릴 기미도 없습니다. 볕이 드는 곳은 얼음이 녹았지만 여전히 온도가 낮습니다. 이놈들이 따뜻한 방 안 온도에 적응하여 곧바로 짝짓기를 시작했는지도 모르기 때문입니다. 내가 이들의 삶에 끼어들어 방해하고 있는 것은 아닐까요? 그렇다면 현장은 어떤지 직접 살펴봐야 했습니다.

둠벙 안에 들어가 발로 헤집어 보니 이내 흙탕물로 변했습니다. 질퍽한 바닥에 파릇한 미나리와 수초가 얼핏 보이는 것을 보니 둠벙 바닥에서 맑은 물이 솟아나고 있다는 것을 알 수 있었지만 정작 배물방개붙이는 보이지 않았습니다. 결국 뜰채로 수초를 뒤적이며 찾기로 했습니다. 웅덩이 안

물방개 한 쌍.

쪽을 한 바퀴 다 돌며 찾을 즈음 나는 '와!' 하고 소리를 지를 뻔했습니다. 거기엔 밀애를 나누는 두 은둔자가 있었기 때문입니다. 둠벙 가장자리에 있는 수초가 그들에게 은밀한 장소를 만들어주고 있었습니다. 그 자리에는 여전히 맑은 물과 깨끗한 풀로 가득 찼습니다. 그후 4월부터 6월까지 이들의 짝짓기를 계속 지켜볼 수 있었습니다.

번식의 조건

책상 위에 올려놓은 어항에 먼저 들어와 살던 한 쌍이 새로 이사해 온 수컷과 만났습니다. 서로 짝을 짓기 위해 경쟁자를 물리치려고 애씁니다. 그런데 궁금한 것이 새로 생겼습니다. 여느 물방개는 5월이 넘어야 번식을 하는데 배물방개붙이는 왜 아직 물이 차가운 3월에 번식을 서두를까

170 | 숲 속의 사냥꾼들

요? 분명 뭔가 그럴 만한 이유가 있을 듯한데 참 알쏭달쏭한 일입니다. 거대한 자연의 순환 고리에 결코 '우연'이란 없습니다. 결과가 있으면 거기에 합당한 이유가 있기 마련이지요. 궁금증을 해결하기 위해선 둠벙을 다시 살펴보는 수밖에 없습니다.

녀석들이 짝짓기와 산란에 분주한 양지바른 둠벙을 살피기 시작했습니다. 3월의 둠벙은 그야말로 양서류 알 천지입니다. 도롱뇽과 산개구리가 낳은 알입니다. 계곡의 흐름이 약한 곳에는 계곡산개구리가, 흐름이 없는 논이나 둠벙에는 산개구리가 알을 낳습니다. 땅속에서 겨울을 나지 않고 계곡 물속에서 겨울을 지내는 개구리입니다. 그러니 이들은 전해오는 봄소식을 가장 먼저 만날 수 있습니다. 삼사 월이면 대부분의 지역에서 이미 산개구리 올챙이들이 웅덩이를 가득 채울 때랍니다.

배물방개붙이의 생활은 산개구리의 번식과 밀접한 관계가 있었습니다. 이들은 서늘하지만 햇볕이 들고 바닥에 맑은 물이 샘처럼 솟는 웅덩이를 좋아합니다. 수초가 있고 정강이가 잠길 만한 물이 있으면 되지요. 좀 더 정확이 말하자면 이들의 짝짓기와 번식은 개구리 알의 부화와 관계가 있습니다. 배물방개붙이의 알이 부화할 때면 주변에는 온통 올챙이로 가득합니다. 엄마 배물방개붙이는 아기들이 마음껏 먹을 수 있도록 산개구리 올챙이가 풍부한 곳을 번식지로 삼습니다. 맑은 물과 수초가 많은 얕은 듬벙, 그리고 햇볕과 개구리 알. 이것이 배물방개붙이가 살아가는 데 필요한 최적의 조건입니다. 두 주가 지나 배물방개붙이의 애벌레가 알에서 깨어나면 좋은 먹잇감인 올

산개구리(위)와 산개구리류의 올챙이(아래).

암컷 배물방개붙이 딱지날개에는 줄무늬 요철이 돋아 있는 반면 수컷의 딱지날개는 매끈합니다.

배물방개붙이 애벌레가 몸을 잔뜩 구부린 채 올챙이를 잡아먹고 있습니다.

챙이가 웅덩이 가득 돌아다니겠지요. 그 무렵 물속에서 가장 좋은 단백질 공급원은 올챙이밖에 없을 테니까요.

폭식하는 사냥꾼

병풍처럼 둘러친 산과 숲. 그 한쪽에 얕은 물길이 있습니다. 물이 빠져 흘러갈 곳이죠. 올챙이 떼가 생겨나기 시작했습니다. 새까맣고 작은 녀석들이 따뜻한 곳에 모여 부드러운 식물을 갉아 먹습니다. 녀석들이 입을 오물거리며 꼬물꼬물 몰려다니는 모습은 우리로 하여금 시선을 떼지 못하게 합니다. '이렇게 많은 올챙이가 죄다 개구리가 된다면 세상은 온통 개구리로 가득 찰 텐데······.'

분명 조물주는 한 생물이 세상 전부를 지배하는 것을 허락하지 않았습니다. 배물방개붙이 애벌레와 올챙이가 그것을 잘 말해줍니다. 알에서 갓

배물방개붙이 애벌레. 유선형 몸에 날카로운 집게 턱을 가지고 있습니다.

깬 배물방개붙이 애벌레는 우윳빛이지만 시간이 지날수록 갈색으로 변했습니다. 그리고 허리를 구부려 'S'자 모양을 하고 꽁무니를 추켜세운 채 먹잇감을 기다립니다. 악명 높은 올챙이 사냥꾼이 될 태세지요. 인내심 깊은 이 사냥꾼의 집게 턱은 물컹한 올챙이를 잡기에 그만입니다. 살랑거리며 다가오는 파동이 느껴지면 사냥꾼은 턱을 그 방향으로 내밀며 헤엄쳐 갑니다. 그러다 턱 앞에 사냥감에 닿았다 싶으면 재빨리 턱을 닫습니다. 이런 사냥법은 매우 효율적입니다. 올챙이가 제 아무리 거세게 발버둥쳐도 도저히 빠져나가지 못합니다.

올챙이 사냥꾼이 좋아하는 것은 오로지 단백질 덩이인 살점입니다. 사냥꾼은 꼬리 부분의 살점만 챙기고 나머지는 과감히 던져버립니다. 녀석이 올챙이 한 마리로는 허기를 면하지 못했는지 또다시 몸을 구부린 채 사냥감을 기다립니다. 종령 애벌레는 더욱 자주 사냥을 합니다. 하루에 큼지막한 올챙이를 다섯 번도 넘게 잡는 것을 본 적이 있으니까요. 계절이 바

배물방개붙이 애벌레가 올챙이를 사냥했습니다.

필 즈음 둠벙의 올챙이는 어느덧 상당수가 줄었습니다. 그곳에는 뒤늦게 알에서 깬 철모르는 올챙이 무리와 살아남아 탈바꿈한 작은 개구리가 있습니다. 그리고 물풀 줄기에 붙어 먹잇감을 응시하는 사냥꾼이 있었습니다.

사냥꾼의 변화

엄마 배물방개붙이는 한 장소에 크기가 다른 아기들을 다시 만들지 않습니다. 큰 아이들이 작은 아이들을 잡아먹는 습성이 있다는 것을 알고 있기 때문인 듯합니다. 큰 애벌레는 지나가는 생물이라면 가리지 않고 사냥하는 본능이 있습니다. 이것을 확인하기 위해 둠벙 몇 개를 세밀히 조사한 적이 있었습니다. 4제곱미터쯤 되는 좁은 공간을 몇 개 찾았습니다. 그곳에는 크기가 같은 애벌레만 있었습니다. 간혹 다른 어미가 알을 낳기도 하

①배물방개붙이의 알 크기 비교.
②배물방개붙이 번데기.
③배물방개붙이 애벌레.
④배물방개붙이 수컷. 수컷의 앞다리에는 짝짓기할 때 암컷을 잡을 수 있도록 돌기가 발달해 있습니다.
⑤배물방개붙이 암컷의 앞다리에는 돌기가 없습니다.
⑥물방개의 애벌레.

지만 곧 먹잇감이 될 수밖에 없습니다. 녀석들은 좁은 장소에 철저히 크기가 같은 형제를 만들고는 횅하니 다른 곳으로 떠나가 버립니다. 흐린 날이나 밤에 다른 곳으로 옮기기 위해 날아오르고, 비가 많이 와 물이 흘러 넘치면 물줄기를 따라 다음 장소로 옮깁니다.

한번은 6월에 산란하는 녀석들을 만나기도 했지만 이런 녀석들은 물방개나 검정물방개가 있는 곳을 피해 알을 낳습니다. 그들과 벌이는 경쟁에서 질 것이 자명하니까요. 내가 아는 배물방개붙이는 외모만 물방개와 같을 뿐 싸움을 잘하지는 못하는 듯 보였습니다. 생존을 위해 뛰어난 사냥술을 익히고 있지만 다른 종족과 경쟁을 할 땐 순둥이에 불과합니다. 그들이 머리와 어깨에 두르고 있는 굵은 황금색 띠가 수줍음의 상징이라도 되는 양 보입니다.

한여름 뙤약볕이 내리쪼이는 날이 오면 작은 웅덩이의 물은 금세 미지근하게 온도가 올라갑니다. 차고 맑은 물이 바닥에서 솟아 나오고 있지만 이 차가운 물도 여름 땡볕을 이길 수는 없습니다. 물 온도가 올라가면 녀석들도 여름 더위를 피해 서늘한 곳을 찾기 시작합니다. 둠벙 안에서 물이 맑고 찬 곳으로 모여들지요. 햇볕을 가리는 나무 아래 웅덩이라면 더 좋습니다. 그 바닥에서는 언제나 다리를 꼬고 있는 녀석을 볼 수 있답니다.

변신

이제는 제법 덩치가 크게 자란 배물방개붙이 애벌레가 꼬물꼬물 움직이는 올챙이를 앞에 두고 앉아 있습니다. 그런데 폭식을 일삼던 녀석이 맞나 싶을 정도로 자세가 의연합니다. 녀석은 어찌된 일인지 도무지 사냥을 하려 들지 않습니다. 허물을 벗을 때가 가까워졌기 때문입니다. 이들이 어른벌레가 되기 위해 허물을 벗을 준비를 하면 먹는 것을 멈추고 사냥도 하지 않은 채 한가로이 앉아만 있습니다. 이때쯤 녀석의 몸은 어두운 색으로

변합니다. 굽었던 등을 펴고 땅 위로 올라갈 준비를 하는 것이지요. 잊고 있었던 지상 생활의 본능이 되살아났기 때문입니다.

녀석이 개미마냥 땅굴을 파 작은 움막을 만듭니다. 그리고 고치처럼 꿈틀거리며 희뿌연 번데기로 몸을 바꿉니다. 얼마 지나지 않아 비가 부슬부슬 내리는 날이면 이 움막에서 새로운 몸을 만든 배물방개붙이가 물길을 타고 첫 유영을 할 것입니다.

물속은 많은 궁금증을 갖게 하는 공간입니다. 들을 수도 볼 수도 없는 관망의 대상. 그러나 그냥 지나칠 수 없는 묘한 매력이 숨어 있는 곳이기도 합니다. 어린 시절 숱하게 걷던 저수지 둑길. 이제 30년 전에 걷던 그 길을 혼자 걷습니다. 여인의 머릿결처럼 한들거리는 수양버들은 사라지고 연잎만 무성해진 연못. 발자국 소리에 놀란 개구리들이 첨벙거리며 물로 뛰어듭니다. 산소가 모라라는지 붕어들이 연신 뻑뻑거리며 물 위로 입놀림을 합니다. 생명의 숨결이 절로 느껴지는 곳입니다.

부들이 점령한 연못의 가장자리 그 둑길을 400년 넘게 지킨 상수리나무 한 그루. 나무와 풀이 잘 어우러진 연못 가장자리. 그 한 귀퉁이에 자리잡고 물속을 바라보았습니다. 물속 세계에도 서열이 매겨지고 질서가 있습니다. 수면에 가까울수록 어린 개체들이 활보하고 물 바닥으로 내려갈수록 덩치 큰 녀석들이 자리를 잡고 있습니다. 내가 관찰하는 웅덩이의 주인공인 수줍은 배물방개붙이도 물속을 헤집으며 하루를 보냅니다. 녀석을 관찰하기 전까지만 해도 무질서해보이던 물웅덩이가 이제는 질서정연하게 자리를 잡은 작은 우주처럼 보입니다. 이런 자연의 질서에 녀석들은 어떤 역할을 하고 있을까요? 초원에서 사자가 늙고 병약한 영양을 해치우는 것처럼 이들도 게으른 생명을 도태시킵니다. 한해 두해를 넘기며 이들을 지켜볼수록 녀석들이 만들어가는 자연의 질서에 경의를 표하게 됩니다.

산개구리가 잔뜩 낳은 알이 있을 즈음이면 이들의 비장한 사냥철이 도래한다는 사실도 알게 되었습니다. 그리고 자신의 터전을 지키는 질서를 만들고 유지하는 데 어떤 역할을 하고 있는지도 알게 되었습니다. 또한 우리가 그들의 삶에 끼어들지 않고 관망하는 것만이 그 질서를 유지하는 길이라는 것도 알 수 있었습니다. 우리에게도 질서란 재미난 삶의 일부이니까요.

배물방개붙이의 변태 과정

11

끈질긴 추적자
늦반딧불이

Lychnuris rufa

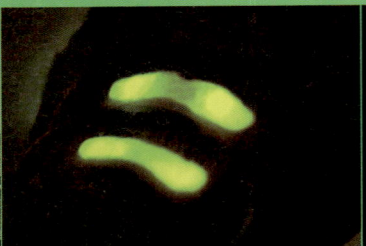

- 학 명 : 늦반딧불이(*Lychnuris rufa*)
- 과 명 : 딱정벌레목 반딧불이과
- 어른벌레 관찰 시기 : 8월 말 ~ 9월
- 겨울나기 : 애벌레

우리나라 전역에서 관찰할 수 있는 반딧불이로 애반딧불이나 운문산반딧불이보다 늦은 8월에서 9월에 어른벌레가 나타납니다. 애벌레 시절 달팽이를 주 먹이로 삼는데 달팽이가 남긴 흔적을 집요하게 쫓는 추적자입니다. 애벌레 기간이 2년으로 긴 편인데 풀밭에서 꽁무니에 불을 켠 채 사냥을 하는 장면을 볼 수 있습니다.

늦반딧불이 수컷.

해 지는 언덕에서

은은한 주홍빛이 산등성이 옆으로 사그라지는 해질녘! 그 시각이면 연못이 한눈에 내려다보이는 언덕에 앉아 있곤 했습니다. 바람마저 잦아들어 고요해지는 그 시간을 나는 아주 좋아합니다. 낮은 음률의 조용한 음악이 울려 퍼지듯 장엄한 색감이 펼쳐진 언덕. 풋풋한 향기가 풍기는 곳이었죠. 자연은 우리에게 언제나 대단한 선물을 안겨줍니다. 이럴 땐 누구나 시인이 된 듯한 감상에 젖어들지요. 어둠이 내리며 자연의 아름다운 색상들이 무채색으로 바뀌어 가면 한바탕 호루라기 소리를 내며 농병아리가 물살을 헤집고, 쏙독새의 '쏙독~독 쏙독~독' 재촉하는 소리가 더욱 또렷하게 들리기 시작합니다. 멀리서 소쩍새의 짧은 노랫소리가 귓전에 맴돕니다. 이때쯤이면 내 눈의 동공이 한껏 커집니다. 회색빛으로 물든 물가 풀밭을 어림해 바라보면 한들거리는 작은 불씨 같은 생명들의 움직임이 나타나기 시작합니다. 6월. 애반딧불이의 비행은 늘 그렇듯 고요한 내 마음속에 작은 불꽃으로 자리잡고 있습니다.

계절이 지나 음률도, 바람이 싣고 오는 내음도 달라진 그 언덕에 다시 올라봅니다. 그리고 이번엔 연못가를 지나쳐 메마른 풀밭을 지그시 바라봅니다. 9월. 이제는 애반딧불이의 계절과는 완연히 다른 정취를 느낄 수 있습니다. 바람이 습기를 머금어 아직은 후덥지근하지만 낮에 비하면 점잖게 느껴질 만큼 서늘하고 기분 좋은 저녁입니다. 간간히 베어 놓은 풀이 발효되면서 향긋한 냄새가 배어납니다. 6월의 바람과 다른 점은 또 있습니다. 9월의 바람엔 풀벌레 소리가 묻어 있으니까요. 풀벌레 소리로 가득한 풀섶에서는 6월의 작은 불꽃과는 다른 연초록 불꽃들이 피어나기 시작합니다. 그곳에서는 개똥벌레들의 애잔한 얘기가 소곤소곤 들려오는 듯합니다.

늦반딧불이 수컷 두 마리가 암컷 한 마리를 두고 경쟁하고 있습니다. 암컷이 내는 불빛을 보고 암컷에게 다가가야 하기 때문에 수컷의 눈은 암컷보다 더 크고 발달해 있으며, 등껍질이 눈을 보호할 수 있도록 변형되었습니다.

서글픈 공원의 밤

늦반딧불이를 생각하면 가장 안타까운 곳이 섬진강변입니다. 벚꽃과 매화길로 유명한 섬진강 자락은 남도의 자랑입니다. 그곳에 생태 조사를 할 기회가 있었습니다. 긴 산책로, 야영을 하도록 알맞게 조성된 풀밭, 듬성듬성 심어 놓은 나무는 멋진 공원의 자태를 갖추고 있습니다. 제게 가장 매력적인 것은 드넓은 풀밭이었지요. 제초제를 뿌리지 않았으며, 웃자란 풀을 일정하게 잘라주는 곳이었으니 더욱 관심을 가졌지요. 풀밭이 있다는 것은 초지성 곤충이 많이 있을 수 있다는 뜻이니까요. 저녁이 되자 운동도 할 겸 산책하는 사람들이 눈에 띕니다. 그리고 한쪽에는 야영객들이 있습니다. 공원에는 이들을 위해 가로등을 일정한 간격으로 세워놓았습니다. 호젓한 분위기로 잘 꾸며진 공원은 얼핏 보기에 아무런 문제가 없을 듯 보였습니다. 아침부터 시작된 관찰이 해가 지고 자정 무렵이 되어서야 끝났습니다. 그 일을 며칠간 계속하게 되었습니다. 그런데 그곳에서 서글픈 공원의 한 단면이 보이기 시작했습니다. 그것은 늦반딧불이와 가로등의 관계였답니다.

가을날 공원의 풀밭에 무수히 많은 늦반딧불이가 나타났습니다. 그곳은 늦반딧불이가 짝을 만나는 야외 웨딩 장소였습니다. 근처에 도로를 끼고 있지만 벚나무 가로수가 불빛을 막아주어 늦반딧불이가 활동하기에 알맞은 곳이었습니다. 날지 못하는 늦반딧불이 암컷이 풀밭에서 허공을 향해 반짝반짝 불빛 신호를 보냅니다. 그러면 비행하던 수컷은 이에 화답이라도 하듯 암컷을 향해 신호를 보내고 달려갑니다. 관찰자의 탄성을 자아내게 하는 무척 아름다운 광경이었지요. 다음날 저녁이 되기가 무섭게 또 그곳으로 달려갔습니다. 어제의 환희를 다시 한번 맛보리라는 기대를 품고서 말이지요. 그런데 문제가 생겼습니다. 어제는 켜 놓지 않던 가로등을 죄다 환하게 밝혀 놓았습니다. 공원이 대낮처럼 환해졌습니다. 가로등 불빛에 이끌려 나방 무리와 땅강아지들이 바닥과 허공을 왔다 갔다 하고 있습니다. 지난 밤 화려한 불빛 세레나데는 온데간데없어졌지요. 기가 막혔습니다. 다음 저녁 또 그 자리에 가 봤지만 환한 가로등 불빛뿐이었답니다. 가로등 불빛이 그렇게 밉고 싫은 적이 없었습니다. 늦반딧불이를 단 한 마리도 볼 수 없었지요. 며칠을 그곳에서만 서성였답니다. 가로등이 어떻게 늦반딧불이를 우리 곁에서 사라지게 하는지 좀 더 알고 싶어서였습니다.

밤의 불빛

화려하고 복잡한 도심의 거리. 현대 문명 속에 살아가며 전기가 만들어내는 불빛을 피할 순 없습니다. 1876년 니콜라스 어거스트 오토(Nikolaus

August Otto)가 내연기관을 만든 이래로 화석연료를 이용한 자동차들이 거리를 가득 메우고 있습니다. 사람들은 자동차를 문명의 이기라 여깁니다. 도심 거리를 운행하는 자동차들이 신호등 불빛에 이끌려 오고가기를 반복합니다. 자동차의 전조등, 방향지시등, 가로등, 신호등. 가만히 보면 이 복잡한 도시 속에서도 이런 불빛을 이용해 질서를 만들어가고 있습니다.

거리의 차량끼리도 불빛 신호를 보내고 받는 규칙이 있습니다. 상대를 배려하고 고마운 마음을 주고받을 때도 작은 불빛 신호를 주고받지요. '어서 지나가세요.' 그러면 '고맙습니다.' 하고 불빛 신호를 전합니다. 자동차의 양 옆에 달려 있는, 짧게 끊어지는 불빛 신호가 거리의 인사말이 되고 예절을 만들어내기까지 합니다. 자동차에서 만드는 불빛은 내연기관에서 얻은 전기 신호입니다. 이 체계는 매우 발달된 것 같지만 사실은 효율이 아주 떨어져 에너지 낭비가 심하답니다. 고작해야 20~30% 효율을 넘지 못지요. 최근에 개발한 연료전지는 이 효율을 80% 정도까지도 끌어올렸다고는 하지만 자연계에 존재하는 어떤 곤충은 100% 에너지 효율을 자랑한답니다. 이런 것을 보면 가끔 헷갈리기 시작합니다. 누가 문명의 주인공인지 의문이 들 정도지요.

운문산반딧불이 수컷(위)과 운문산반딧불이 암컷(아래).

세 종류의 반딧불이

꽁무니에 불빛을 내는 반딧불이는 우리나라에 애반딧불이, 운문산반딧불이, 늦반딧불이 이렇게 세 종류가 있

늦반딧불이 애벌레를 피해 달팽이가 도망하고 있는 모습입니다. 늦반딧불이 애벌레가 달팽이 껍데기에 꼭 달라붙어 떨어질 줄 모릅니다.

답니다. 애반딧불이의 애벌레는 물속에 살고 늦반딧불이와 운문산반딧불이 애벌레는 육상에서 살아갑니다. 애반딧불이는 가슴등판에 검은 줄무늬가 있어 운문산반딧불이와 쉽게 구분할 수 있습니다. 두 종류 모두 수컷은 배마디 여섯 번째와 일곱 번째에 불빛을 내는 발광기를 갖고 있답니다. 그러나 암컷은 전혀 다르지요. 애반딧불이 암컷은 배마디 일곱 번째에 있고, 운문산반딧불이는 여섯 번째 마디에 오목한 산 모양으로 있습니다. 물속에 사는 애반딧불이 애벌레는 물달팽이나 다슬기를 잡아먹고 삽니다. 그러나 육상에 사는 운문산반딧불이나 늦반딧불이 애벌레는 육상 달팽이를 먹이로 삼지요.

늦반딧불이는 이름 그대로 늦은 시기에 나타나는 녀석입니다. 애벌레 기간이 2년이나 되어 무척 깁니다. 더구나 암컷의 날개가 퇴화되어 흔적만 남아 있습니다. 날개도 딱딱한 등딱지도 없이 여름밤을 나돌아 다니니 녀석들 암컷은 위험천만한 모험을 하고 있는 것입니다. 날 수 없으니 수컷

늦반딧불이 애벌레가 사냥한 달팽이를
파먹고 있습니다.

에게 가까이 갈 수가 없지요. 그래서 불빛으로 신호를 보내 수컷을 불러들입니다. 어른벌레가 되어서는 물 한 방울 먹는 게 식사의 전부입니다. 애벌레 시기에는 먹이를 줄기차게 쫓아다니는 집요한 사냥꾼인데 말입니다.

빛의 마술사 반딧불이

산업 발전이 있기 전만해도 여름밤 내 고향 마을에서는 녀석들이 만들어 내는 빛의 향연이 펼쳐졌습니다. 작은 곤충이 벌이는 초저녁 불빛 잔치. 논밭 둑에서는 불똥마냥 반딧불이 불꽃이 모락모락 피어납니다. 가만히 보면 이 불빛들은 서로 다릅니다. 계절에 따라서도 다르고 깜빡거리는 신호 주기도 다릅니다. 5월말부터는 애반딧불과 운문산반딧불이의 불꽃을 볼 수 있습니다. 그러다가 8월 증순이 넘어서면 늦반딧불이의 불꽃을 볼 수 있지요.

늦반딧불이 애벌레가 달팽이를 추적하고 있습니다. 애벌레 꽁무니에서도 연두색 불빛을 냅니다.

반딧불이가 만드는 불빛은 루시페린이란 물질의 반응으로 일어난다고 합니다. 루시페린이란 발광 물질입니다. 이 물질이 산소와 결합하면서 빛을 낸답니다. 흔히 알고 있는 것과 달리 녀석들은 어른벌레만이 아니라 알, 애벌레, 번데기까지 불빛을 낸답니다.

반딧불이의 불빛은 에너지 효율이 높습니다. 에너지를 100% 불빛으로 바꿀 수 있는 첨단 화학 공장을 몸속에 지니고 있거든요. 이것은 에너지가 열로 낭비되지 않는다는 뜻입니다. 사람이 만들어낸 조명기구는 에너지를 열로 소비하는 경우가 많습니다. 백열등 같은 경우에는 에너지의 대부분을 빛으로 만들지 못하고 열로 소비해 버리지요. 아까운 에너지가 쓸데없는 곳으로 흘러가는 셈입니다. 뛰어난 과학자들이 연구를 거듭해 효율이 높은 조명을 만들어 내고는 있지만 아직 반딧불이만큼 효율을 낼 수는 없답니다.

햇볕이 내리쬐어 건조한 낮에는 달팽이가 껍데기 안에 숨어 있다가 밤이슬이 내리면 돌아다니기 시작합니다.

양순함과 포악성

반딧불이가 빛을 내는 것은 사랑의 메시지를 전하기 위해서랍니다. 과학이 발달하여 사람들끼리 얼굴을 맞대고 이야기를 하거나 종이에 편지를 써 보내는 일이 줄어들고, 휴대전화나 전자 메일이 이것을 대신하고 있습니다. 문명의 혜택이 낭만적인 고백까지 전자 신호로 바꿔버렸지요. 전자 신호에 다시 낭만을 불어넣을 수는 없을까요?

사랑의 세레나데를 부르는 풀벌레, 불빛 신호에 사랑의 메시지를 전하는 반딧불이를 생각하면 우리는 풋풋한 낭만에 젖어들 수 있습니다. 그러나 우리에게 낭만과 추억을 일깨워주는 이 곤충의 본성을 알고 나면 사람들은 깜짝 놀랍니다. 녀석들에 대한 환상이 깨어지거든요. 녀석의 애벌레는 이슬만 먹고 사는 은둔자가 아니라 고깃덩어리를 지독히 좋아하는 집

달팽이를 사냥하고 있는 늦반딧불이 애벌레. 애벌레의 머리에는 독침이 있어서 달팽이 맨살을 찔러 사냥을 합니다.

① 초저녁 늦반딧불이 수컷이 불빛을 내고 있습니다.
② 늦반딧불이 한 쌍이 짝짓기를 하고 있습니다.
③ 늦반딧불이 암컷의 산란 모습. 짝짓기를 마치면 한꺼번에 여러 개의 알을 낳습니다.
④ 애반딧불이 한 쌍이 짝짓기를 하고 있습니다.
⑤ 운문산반딧불이 수컷.

요한 사냥꾼이기 때문입니다.

늦반딧불이 애벌레의 사냥감은 달팽이랍니다. 밤이슬이 내리는 습한 밤이면 달팽이는 콘드로친이라는 액을 토하며 미끄러지듯 여기 저기 먹이를 찾아 돌아다닙니다. 이 미끈한 물질은 달팽이가 지나간 자리에 고스란히 흔적으로 남게 되지요. 이 흔적이 늦반딧불이 애벌레에게 감지되면 흔적을 따라 집요한 추적이 시작됩니다. 부지런히 헤집고 다니며 꼼꼼히 점검하는 습성을 가진 허기진 늦반딧불이 애벌레에게 먹이가 어디에 있는지 알려주는 안내자가 생긴 것이지요. 어린 시절, 조카 영현이가 사냥개처럼 코를 킁킁거리며 사과 냄새를 맡는 것과 같답니다. 습한 날이면 사냥감이 남긴 체취가 더욱 오래도록 남는다는 것을 이 사냥꾼은 잘 알고 있었습니다.

반딧불이 애벌레의 사냥은 실패하는 법이 없습니다. 사냥감을 추적하는 솜씨가 뛰어나기 때문이지요. 녀석들이 먹이를 추적하는 장면을 수십 번도 더 봤지만 녀석들은 한번도 실패하지 않았습니다.

늦반딧불이를 만나는 날

나는 매서운 겨울보다 여름을 좋아합니다. 배추 모종이 듬성듬성 돋는 후덥지근한 8월의 초저녁. 이맘때면 나는 자랄 대로 자란 들깨 밭을 서성입니다. 어둠이 내리며 하늘 빛깔이 바뀌는 모습은 하늘에 넓게 펼쳐진 은하수만큼이나 신비로운 느낌이 들게 합니다. 달빛이 산등성이에 가려 사방이 캄캄해지면 숲 여기저기에서 노란 연두 불빛이 도깨비불마냥 하나둘 솟아오릅니다. 그리고는 탁 트인 들깨 밭을 가로질러 빨라졌다가 느려지기를 반복합니다. 깜깜한 밤에 작고 희기한 빛이 있으니 그곳에 시선이 집중됩니다. 무언가 낭만적인 일이 일어날 것만 같습니다. 가슴이 두근두근합니다. 늦여름 한낮의 무더위가 막 가시는 초저녁 선선함이 내 기분을 더

늦반딧불이 애벌레의 사냥 과정

① 늦반딧불이 애벌레가 달팽이 흔적을 따라 나섰습니다.
② 달팽이 흔적을 따라가다가 달팽이를 만나면 다짜고짜 달팽이 껍데기에 올라탑니다.
③ 달팽이 껍데기에 올라탄 채 기회가 올 때마다 입 주위에 있는 독침으로 달팽이를 찌릅니다.
④ 달팽이가 도망가도 껍데기에 붙은 채 떨어지지 않습니다.
⑤ 사냥에 성공해 달팽이를 파먹고 있습니다.
⑥ 늦반딧불이 애벌레 배 끝에는 흡반이 있어서 달팽이 껍데기에 붙은 채 떨어지지 않습니다.
⑦ 늦반딧불이 애벌레의 머리. 머리에 독침이 있습니다.

욱 여유롭게 했는지도 모릅니다. 늦반딧불이의 불빛을 만나는 일은 언제나 가슴 설레게 하는 무언가가 있습니다. 하지만 반딧불이의 불빛 향연은 오래가지 못합니다. 산등성이에 가려졌던 달빛이 나오기 시작하면 불빛들이 높은 나무가 가득한 숲으로 서서히 사라집니다. 이런 아쉬움 때문이었을까요? 늦반딧불이의 불빛을 만날 때마다 가슴 설레는 낭만을 생각하게 되는 것이 말입니다.

나무가 빽빽한 숲 속은 달그림자에 가려 깜깜한 어둠이 내려 있습니다. 아쉬운 마음에 다시 불빛이 나타나기를 기다려보지만 사라진 불빛은 다시 나타나지 않습니다. 하지만 낮은 풀밭에는 엷은 불빛이 밤이 깊도록 꼬물꼬물 움직이고 있습니다. 내년에 어른벌레가 될 늦반딧불이 애벌레들이죠. 달팽이를 사냥하기 위해 이리저리 분주히 움직이고 있다는 것을 알 수 있습니다.

언젠가 섬진강변에 있는 그 공원을 지날 때 관리자에게 일러주고 싶은 말이 있습니다. 섬진강변에 아름다운 불빛 향연을 펼치는 낭만적인 곤충이 있다고 말입니다.

'그들이 나타나는 계절에는 잠시 가로등을 꺼주세요. 가로등 불빛에 막혀 짝도 짓지 못하고 죽어가는 애달픈 벌레들이 우리 곁에 있거든요.'

ㄱ

가시날도래 애벌레 – 21
강도래류 – 26
개미벌류 – 78
거미와 곤충의 차이 – 106
거미의 발톱 – 111
검정볼기쉬파리 – 77
게거미류의 알집 – 117
광대소금쟁이 – 26

금파리류 – 78
기생파리 – 78, 95, 98, 157, 158
긴꼬리쌕쌔기 – 159
긴무늬왕잠자리 애벌레 – 26
긴호랑거미 – 122, 127
깡충거미류 – 105
꼬리거미의 알집 – 117

ㄴ

나나니 – 84
나나니 구멍 – 98
나나니의 사냥 – 89, 94
나나니의 짝짓기 – 92
난태생 새끼 – 98
날도래 애벌레 – 26
날도래류 – 11
날도래의 우화 – 24
넓적배사마귀 – 38
넓적배사마귀 호피무늬형 – 46

넓적배사마귀의 산란 – 46
넓적배사마귀의 알집 – 46
노랑할미새 – 15
늦반딧불이 – 182
늦반딧불이 수컷 – 184
늦반딧불이 애벌레 – 189, 191
늦반딧불이 애벌레의 사냥 – 193, 196
늦반딧불이 짝짓기 – 194
늦반딧불이의 산란 – 194

ㄷ, ㄹ, ㅁ

달팽이 – 192
닷거미류 – 148
닷거미류의 짝짓기 – 117
대모벌 – 73, 110, 126
더듬이다리 – 143
두꺼비 – 66
두꺼비의 배설물 – 51, 66
등검은메뚜기 – 156
막시류 – 11, 12
매부리 – 153
멋쟁이딱정벌레 – 54, 66
멋쟁이딱정벌레 이색형 – 56
멋쟁이딱정벌레의 사체 – 66
멋쟁이딱정벌레의 월동 – 66
멋조롱박딱정벌레 – 48
멋조롱박딱정벌레 수컷의 앞다리 – 66
멋조롱박딱정벌레 암컷의 앞다리 – 66
멋조롱박딱정벌레 애벌레 – 62
멋조롱박딱정벌레 이색형 – 56

멋조롱박딱정벌레의 사냥 – 54
멋조롱박딱정벌레의 산란 – 61
멋조롱박딱정벌레의 알 – 62
멋조롱박딱정벌레의 짝짓기 – 59
멸종위기동물 2급 – 49
무당거미 – 105
물방개 – 166, 170
물방개의 애벌레 – 176
물벌 – 8
물벌 수컷 – 19
물벌 암컷 – 12
물벌 애벌레의 호흡관 – 23
물벌의 번데기 방 – 22
물벌의 산란 – 18
물벌의 우화 – 17
물벌의 잠수 – 10
물장군 – 26
민어리여치 – 112

ㅂ

배물방개붙이 - 162
배물방개붙이 번데기 - 176
배물방개붙이 수컷 - 167, 176
배물방개붙이 암컷 - 168, 176
배물방개붙이 애벌레 - 173, 174, 176
배물방개붙이의 변태 - 180
배물방개붙이의 사냥 - 175
배물방개붙이의 서식지 - 164
배물방개붙이의 알 - 176
뱀잠자리 애벌레 - 26
벌목 - 12
베짱이 - 153

ㅅ

사마귀 - 38
사마귀의 사냥 - 44
사마귀의 산란 - 46
사마귀의 속날개 - 33
사마귀의 알집 - 46
사마귀의 얼굴 - 38
사마귀의 짝짓기 - 46
산개구리 - 171
산개구리 올챙이 - 171
산란 - 18, 46, 61, 194
소금쟁이 - 26
쇠측범잠자리 애벌레 - 26
쉬파리류 - 99
실베짱이 - 159
실잠자리류 어벌레의 꼬리아가미 - 22

ㅇ

알 - 62, 128, 176
알집 - 37, 46, 117, 147, 149
애기사마귀 - 28, 35
애기사마귀 수컷 - 38
애기사마귀 알집 - 37
애기사마귀 암컷 - 32, 38
애기사마귀 약충 - 39, 40
애기사마귀의 구애 - 43
애기사마귀의 짝짓기 - 42
애기사마귀의 허물벗기 - 45
애딱정벌레 - 55
애반딧불이 짝짓기 - 194
애벌레 - 21, 26, 62, 66, 78, 112, 158, 173, 174, 176, 189, 191
어리나나니 - 93
어리나나니의 짝짓기 - 98
여섯뿔가시거미 - 102
여섯뿔가시거미의 사냥 무기 - 109
여섯뿔가시거미의 알집 - 117
왕거미 - 132
왕나나니 - 93
왕물맴이 - 165
왕사마귀 - 35
왕사마귀 갈색형 - 38
왕사마귀 녹색형 - 38
왕사마귀 알집 - 46
왕사마귀의 산란 - 46
왕사마귀의 짝짓기 - 46
왕잠자리 애벌레 - 26
왜코벌 - 68
왜코벌 수컷 - 73, 78
왜코벌 암컷 - 73
왜코벌 애벌레 - 78
왜코벌의 산란관 - 77
왜코벌의 얼굴
운문산반딧불이 수컷 - 188, 194
운문산반딧불이 암컷 - 188
유리산누에나방 애벌레 - 112
윤조롱박딱정벌레 - 56
일본가시날도래 - 20
일본가시날도래의 번데기 방 - 21

ㅈ

장수각다귀 애벌레 - 26
제주왕딱정벌레 - 66
좀사마귀 - 38
좀사마귀 갈색형 - 34, 46

좀사마귀 녹색형 - 34, 46
좀사마귀 알집 - 46
좁쌀사마귀 - 36, 38

좁쌀사마귀 - 46
좁쌀사마귀의 알집 - 46
짝짓기 - 42, 46, 56, 59, 92, 98, 194

ㅊ, ㅋ, ㅌ, ㅍ

큰명주딱정벌레 - 66
큰새똥거미 - 108
큰새똥거미의 알집 - 117
큰알락물방개 - 165

펠릿 - 50
폭탄먼지벌레 - 64, 66
표범장지뱀 - 82, 83

ㅎ

하루살이류 아성충 - 26
항라사마귀 - 33, 38
항라사마귀 갈색형 - 46
항라사마귀의 알집 - 46
홍다리나나니 - 90
홍다리조롱박벌 - 150
홍다리조롱박벌의 구멍 - 152
홍다리조롱박벌의 애벌레 - 158
홍단딱정벌레 - 51, 53
홍단딱정벌레 이색형 - 56
홍단딱정벌레 짝짓기 - 56

홍단딱정벌레의 감각기관 - 63
홍단딱정벌레의 사냥 - 55
홍단딱정벌레의 애벌레 - 66
황닷거미 - 136
황닷거미의 사냥 - 145
황닷거미의 서식지 - 138
황닷거미의 알집 - 147, 149
황대모벌 - 120
황대모벌의 사냥 - 128
황대모벌의 알 - 128
황등에붙이 - 78